Günter Stössel

Nürnberg bei Fürth

Eine städtegeschichtliche Zoff-Sammlung unter dem Blickwinkel Soochermål - du bisgwieß vo Färdd?“ - mit Illustrationen von Toni Burghart

Verlag Matthias Böckel

Inhaltsverzeichnis:

Vorwort

Der Autor hat mich gebeten, ein Vorwort zu seinem Büchlein über die Nürnberg-Fürther "Nachbarschaft" zu schreiben. Das kommt nicht von ungefähr. Von 1955 bis 1968 war ich Deutsch- und Geschichtslehrer am heutigen Hardenberg-Gymnasium in Fürth, und einer meiner Schüler war Ende der fünfziger Jahre der damals dreizehnjährige Günter Stössel. Ich sehe ihn heute noch mit seinem ernsten Gesichtsausdruck in der Türreihe des Klassenzimmers sitzen. Sein kritischer, fast bohrender Blick war oft auf mich gerichtet, nur selten konnte man ein leicht spöttisches Zwinkern bemerken. Irgendwie fühlte ich schon damals: in dem Jungen steckt mehr, als er aus sich herausläßt.

Lange Zeit haben wir uns dann aus den Augen verloren.

Erst in den siebziger Jahren hörte ich die Mundart-Songs des Liedermachers. Dieser las meine Bücher und sorgte durch Rundfunksendungen in Radio F kräftig für deren Verbreitung. Und nun liegt seine Veröffentlichung "Soochermål – du bisgwieß vo Färdd?" vor mir; was ich vor 35 Jahren gefühlt hatte, ist Wirklichkeit geworden.

Ich schreibe dieses Vorwort gern, weil mich das Thema selbst seit vielen Jahren stark berührt. Als Nürnberger Lehrer in Fürth bekam ich es oft hautnah zu spüren. Eine meiner nettesten Erinnerungen sei hier widergegeben: Um 1960 hatte einer meiner Schüler eines Tages ein Gerstenkorn am Augenlid. Es war stark entzündet, und der Junge vergrößerte die Qual durch häufiges Reiben. Ich fragte ihn mitleidig und harmlos: "Hast wohl einen Meerigel?" Meerigel ist das Nürnberger Dialektwort für hochdeutsch "Gerstenkorn", das ich auch in Fürth voraussetzte. Weit gefehlt – die Klasse feixte und klärte mich auf: "Des haßd doch Bierigel." Nun war das Staunen auf meiner Seite, ich merkte, daß ich an die Nürnberg-Fürther Sprachgrenze gestoßen war und hier als Reingeschmeckter empfunden wurde. In der Tat sah man es den heiteren Gesichtern aller Jungen an, was sie dachten: "Ä Närmbercher Lehrer, der ned ämål gscheid Deidsch koo."

Der Nürnberg-Fürther Günter Stössel legt also hier eine recht wichtige Veröffentlichung vor und hat damit eine seit langem offene Lücke gefüllt. Er plaudert nicht nur, sondern hat eine Menge einschlägiger

Literatur gesucht und gefunden. Immer gibt er korrekt an, wo er sein Wissen her hat und erfüllt so eine der Grundvoraussetzungen wissenschaftlichen Arbeitens. Den Spannungsbogen zwischen den feindlichen Schwesterstädten Nürnberg und Fürth hat er in ein paar Parade-Kapiteln mustergültig und anschaulich geschildert.

Ich wünsche dem Büchlein viel Erfolg und dem Autor, er soll so weiter machen.

Herbert Maas

Soochermål – du bisgwieß vo Färdd?

Dieses Buch ist meinem leider viel zu früh verstorbenen Freund und Verleger Hans Böckel gewidmet. Bei einem gemütlichen Beisammensein einiger Nürnberger Schriftsteller – es war im Herbst '89 – brachte er die Anregung in die Runde ein, man müsse doch einmal untersuchen, wo "die ewige Zankerei zwischen Nürnberg und Fürth" eigentlich herkomme. Es sei ihm – der ja schon vor Jahrzehnten von Thüringen nach Franken gekommen war – in all den Jahren nicht verborgen geblieben, daß da immer so ein angespanntes Verhältnis herrsche, und daß die Fürther doch immer wieder mal Zielscheibe des Spotts der Ex-Reichsstädter seien. Natürlich visierte er mich über seinen Brillenrand an – wußte er doch, daß ich, der in Fürth aufgewachsene Nürnberger, dazu etwas zu erzählen hatte. Und recht hatte er mit seiner Einschätzung, denn während meiner jetzt fast 20jährigen Tätigkeit als Kabarettist und Mundartsänger im hiesigen Raum habe ich es ja selber oft zu hören bekommen, wie die Nürnberger auch heute noch reagieren, wenn sie einen "Färdder" enttarnt haben: immer dann, wenn mich bei einem Auftritt ein Vorredner als einen in Fürth aufgewachsenen Nürnberger angesagt hatte, dann ging durchs Nürnberger Publikum sofort ein Raunen, das sich für mich etwa anhörte wie "aaouwäih – a Färdder aa nu!" Es gibt ja auch viele Anzeichen dafür, daß das Ansehen der Stadt Fürth und ihrer Einwohner bei ihren ex-reichsstädtischen Nachbarn nicht sehr hoch ist. Ich selbst kenne zum Beispiel Nürnberger Bürger, die – aus welchen Gründen auch immer – nach Fürth übersiedelten und weiterhin mit ihren ersten Wohnsitz in Nürnberg gemeldet blieben, um an ihrem Auto nur ja nicht das ungeliebte und belächelte Fürther Nummernschild tragen zu müssen. "FÜ"-... gilt den Nürnbergern scherzhaft als "Fahrer übt..." In diese Ecke zielt auch der Nürnberger Volksspruch:

> "Wos bassierdn, wenn a Färdder zehn Jåhr unfallfrei fährd? – Dann gräichder a Närmbercher Nummernschild!"

A propos Nummernschild: In den sechziger Jahren gab es eine "Mode" der in Fürth stationierten GIs – sie klauten Nummernschilder von Fürther Autos mit den Kennbuchstaben "FÜ-CK" und schickten sie ihren Verwandten in den Staaten, weil sie es für mitteilenswert hielten, daß in Germany Autos herumfahren, auf denen "FUCK" zu lesen ist! Aber das sei hier ausgesprochen nebenbei bemerkt.

Daß seit jeher viele Nürnberger Bürger keine rechte Vorstellung von Fürth besaßen, das zeigt zum Beispiel die schreckliche Äußerung von Willy Liebel, dem Nürnberger OB während des 2. Weltkriegs, der 1939/40 versuchte, Fürth handstreichartig nach Nürnberg einzugemeinden – wir werden noch darauf zurückkommen – von ihm ist folgende Äußerung über Fürth überliefert:

"Liebel hat offiziell nie in Fürth gesprochen. Er war überzeugt davon, daß Fürth nichts eigenes war und keine eigene Stadtregierung hatte."
(Hans Ott)

Aus meiner Kindheit kann ich dazu auch eine kleine Begebenheit erzählen: Wir wohnten damals in der Erlanger Straße nahe beim Fürther Friedhof, weil mein Vater nach dem Krieg als erstes in Fürth eine Arbeitsstelle in seinem gelernten Schreinerberuf bekommen hatte. Meine Großeltern wohnten ein paar hundert Meter weiter stadteinwärts beim "Uhrnhäusla" – Ich kann mich noch gut daran erinnern, daß sich meine Großtante Else aus Nürnberg, wenn sie gelegentlich ihre Schwester Marie – meine Großmutter – in der Erlanger Straße besuchte, immer ihre "Veschber" aus Nürnberg selber mitbrachte, weil sie wohl nicht so recht glaubte, daß man sich in Fürth "was Gscheits zum Essen" kaufen könne...

Als der in Nürnberg Geborene und in Fürth Aufgewachsene nahm ich also an unserem Literaten-Stammtisch die "Herausforderung" von Hans Böckel, über diese ewige Nürnberg-Fürther Streiterei ein Buch zu schreiben, sofort an. Anfangs glaubte ich, die Sache wäre mit einer lustig aufgemachten Sammlung der landläufigen Sprüche und Redensarten der Nürnberger über die Fürther erledigt. Als ich aber in den Chroniken beider Städte so nach und nach herausfand, daß diese Haßliebe schon vor fast tausend Jahren ihren Anfang hatte, ließ mich das Thema nicht mehr los. Herausgekommen ist – jetzt nach fast drei Jahren – ein Buch, das – wen wundert's – vor allem von Fürth handelt, das immer im Schatten des größeren, schöneren und bedeutenderen Nürnberg stand und von dort gar oft in seinen Interessen zurückgesetzt und mehr als einmal regelrecht übers Ohr gehauen wurde.

Das Buch ist im wesentlichen eine Sammlung von Zitaten geworden, weil es mir die angemessene Herangehensweise schien, die Chroniken und Geschichtsbücher sprechen zu lassen. Wenn Sie, liebe Leser, im folgenden gelegentlich meinen Namen in Gedankenstrichen finden, dann nicht deswegen, weil ich ihn so gern gedruckt sehe, sondern weil ich manchmal in der Kette von Zitaten meinen Kommentar kenntlich machen wollte, damit man beim Lesen jedes Absatzes weiß, wer da gerade spricht. Da ich nicht mit Fußnoten arbeiten wollte, habe ich mich bei den Zitaten für eine Abkürzung der jeweiligen Quelle entschieden – wen's genauer interessiert, woher das Zitat stammt, der sei auf den Anhang "Quellen" verwiesen – dort stehts dann ausführlich.

An den Stellen in Zitaten, wo ich zum besseren Verständnis des Zusammenhangs eine Ergänzung für nötig gehalten habe, finden Sie diese in [. . .].

An dieser Stelle danke ich allen, die mir bei meinem Vorhaben geholfen haben:

Dem Stadtarchiv Fürth, Schloßhof 12, namentlich Frau Debast, Herren Emil Ammon, Dr. Richter und Klaus-Peter Ulmer, weiter Herren Dr. Hanschel, Dr. Herbert Schnittger, Harald Lamprecht, Dr. Herbert Maas, Georg Mentlein, Dr. Hans Ott, Klaus Schamberger, Privatdozent Dr. Michael Zeller.

Vielen Dank auch denen, die sich in vielen Interviews geduldig haben ausfragen lassen über Dinge, die zwischen Nürnberg und Fürth seit jeher in der Luft hängen – die man aber nicht so deutlich erklären kann, wie's der Stössel gern gehabt hätte.

Nürnberg, im September 1992 Günter Stössel

Ein kleines bißchen müssen wir schon in die Geschichtsbücher schauen…

…zum Beispiel in die Vorrede zur zweiten Auflage der Fürther Stadtchronik:

"…so wird es doch auch für auswärtige Leser nicht ohne Interesse sein, die Geschichte einer Stadt näher kennen zu lernen, die so vieles Eigenthümliche bietet, die, von einem wenig bedeutenden Wallfahrtsorte lange vor des benachbarten Nürnbergs Entstehung ihren Ursprung nehmend, allmählich durch industrielle Entwicklung sich emporhob, die durch den Hinzutritt der rührigen und intelligenten jüdischen Vertriebenen, sowie durch das Übersiedeln der von dem Zunftzwange aus Nürnberg verjagten gewerblichen Kräfte gefördert wurde, obschon sie Jahrhunderte lang unter drei Herren gestanden war, die fortwährend um den Alleinbesitz stritten und die Einwohnerschaft in drei feindliche Lager schieden, bis endlich am Schlusse des vorigen Jahrhunderts die segensreiche einheitliche Herrschaft erst unter dem Scepter Preußens und dann unter dem Bayerns örtlichen Frieden und Sicherheit brachte, so daß Fürth, welches am Anfange des Jahrhunderts noch ein Großdorf war, sich nun zu einer Stadt erster Klasse emporschwang." (Fronmüller, S. VII)

So – damit könnte das Buch "Soochermål – du bisgwieß vo Färdd?" eigentlich schon wieder zu Ende sein – denn in diesem etwas länglichen Satz steckt schon fast alles drin, was die beiden Städte im Laufe ihrer Geschichte und bis auf den heutigen Tag immer wieder gegeneinander aufbrachte. Aber ein bißchen genauer wollte ich, der ich 1944 in Nürnberg geboren, dann 26 Jahre in Fürth aufgewachsen bin und schließlich seit jetzt 22 Jahren wieder in Nürnberg wohne, es schon wissen. Daher habe ich in den Geschichtsbüchern nachgeschaut – und so nach und nach einiges herausgefunden, was zu der noch heute spürbaren Haßliebe zwischen den beiden Städten beigetragen haben könnte:

"Am Anfange des elften Jahrhunderts trat ein Ereignis ein, welches die wichtigsten Folgen für die spätere Gestaltung Fürths hatte. Es war dies die Verschenkung Fürths an das Domkapitel zu Bamberg durch Kaiser Heinrich II." (Fronmüller, S. 8)

Damit war dem Ort Fürth eine Entwicklung abgeschnitten, die derjenigen Nürnbergs hätte gleichen können.

"Fürth kam an Bamberg und blieb ein bäuerlicher Ort am südlichen Zipfel des Bistums; es wurde bald darauf für viele Jahre verpachtet, und als nebenan, 6 km von Fürth entfernt, König Heinrich III. um 1040 Nürnbergs großen Weg vorzeichnete, hat er den Fürthern in der Absicht, den aufblühenden Ort Nürnberg zu heben, ihr Marktrecht genommen und es den Nürnbergern in die Wiege gelegt. Das war das erste, wenn auch unfreiwillige Geschenk Fürths an Nürnberg... Fürth blieb eine dörfliche Gemeinde...Und doch war Fürth viel mehr als ein Dorf. Nicht nur, weil es 1062 wieder das Marktrecht gewann, sondern weil hier die Interessen des Bistums Bamberg, der Reichsstadt Nürnberg und des zollerischen Burggrafentums Nürnberg (des späteren Markgraftums Brandenburg-Ansbach) zusammenstießen; so wollte jeder der drei hier Landesherr sein, jeder der drei hat hier die hohe Gerichtsbarkeit beansprucht, jeder hatte hier Häuser und Untertanen und gelegentlich hat einer der drei die Fürther geschlagen, wenn er die anderen beiden meinte. "(Schwammberger I/Mauersberg, S.179 f)

Dreiherrschaft: Machtkämpfe und Streitschriften um Fürth

Um die merkwürdige Herrschaft der drei Herren über Fürth während der Zeit zwischen 1300 und 1800 etwas besser verständlich zu machen, möchte ich hier in ein paar Abschnitten aus Zeitungsartikeln des "Fürther Tagblatts" vom 28. Juni 1934 und vom 25. November 1937, verfaßt von Dr. Adolf Schwammberger, dem früheren Direktor des Stadtarchivs Fürth, kurz zusammengefaßt einige m. E. wissenswerte Zusammenhänge und Fakten wiedergeben.

Der "Schicksalsgraf" der Fürther ist Burggraf Konrad der Fromme. Ihm hatten die Fürther eigentlich die Unsicherheit ihrer Verhältnisse zu verdanken. Er gehörte dem Geschlecht der Hohenzollern an, die in Nürnberg als Burggrafen saßen. Sie waren gerissene Politiker und kluge Geschäftsleute, deren Einfluß weit über die Nürnberger Gegend hinausging. Eine Ausnahme war nun dieser Konrad – mit dem Beinamen "der Fromme", den er tatsächlich verdiente, weil er – sehr zum Leidwesen seiner Verwandten – seine Besitzungen für lächerliche Beträge verkaufte oder gar verschenkte, um fromme Stiftungen zu errichten und so seinem Seelenheil zu dienen.

In seiner Hand lag auch die Vogtei über Fürth, die auf diese Weise an das Bistum Bamberg gelangte. Man kann sich gut vorstellen, daß sich sein Bruder, der Burggraf Friedrich III. und seine Nachkommen, die eine kräftige Erwerbspolitik betrieben und sehr auf den Vorteil ihres Hauses bedacht waren, über diese Handlungsweise Konrads des Frommen ärgerten, denn die hochstiftisch bambergischen Ansprüche auf Fürth waren schließlich durch den Vogteiverzicht Konrads, d. h. auf den Verzicht der Gerichtsbarkeit in Fürth – vollendet worden – die Gebietsherrschaft der Bamberger Dompröpste über Fürth war ja bereits durch die Schenkung im Jahre 1007 beurkundet. Aus den konradischen Urkunden der Jahre 1303, 1307 und 1314 ist vor allem die Rückgabe gerichtlicher Rechte herauszulesen, und daher spielen diese Urkunden in den späteren Streitschriften über Fürth eine große Rolle. Das fränkische Fürstentum der Hohenzollern, also die Burggrafen – und später die Markgrafen – waren ja im Punkte Fürth von jeher die erbittertsten Gegner des Hochstifts Bamberg. Um die landesherrliche Gerichtsbarkeit über Fürth zu bezeugen, brauchte man den Beweis, daß Fürth ein Gebietsbestandteil des Burggrafentums sei. So kam es denn, daß man noch bis ins 18. Jahrhundert hinein eine ungeheure Menge von Papier, Witz und Schimpfworten aufwandte, um nachzuweisen, daß es mit den Stiftungen Konrads des Frommen nicht seine volle Richtigkeit habe. Trotzdem: Die burggräfliche Landeshoheit und damit die landesherrliche Gerichtsbarkeit über Fürth baute sich nach dem konradischen Vogteiverzicht nurmehr auf Machtgründen auf.

Nun wollen wir an dieser Stelle nicht vergessen, daß als dritte Partei im Kampf um die Hoheitsrechte über die Hofmark Fürth noch die reichsstädtisch-nürnbergischen Forderungen im Raume standen.

In der zweiten Hälfte des 15. Jahrhunderts setzten daher die großen Hoheitskämpfe der drei über Fürth ein: Bei Mordfällen und ähnlichen Verbrechen erscheinen alle Parteien auf dem Plan, es kommt zu einem regelrechten Wettlauf um den Erschlagenen. Wem es nicht glückt, den Leichnam im Triumph in sein Gebiet zu entführen, dem bleibt nur übrig, durch feierliche Mitnahme eines Fraischzeichens (Fraisch = hohe Gerichtsbarkeit) am Tatort den Gerichtsanspruch geltend zu machen. Aber die Partei, die am frühesten erschienen war, versäumte es nicht, den Tatort zu bewachen und die Mitnahme eines Fraisch-Pfandes mit Waffengewalt zu verhindern. Die Folge waren erbitterte Streitschriften und Prozesse "am laufenden Band". Fürth selbst war nur ein Spielball der sich widersprechenden Interessen seiner drei Herren.

Trotz dieses Verlusts von Fürth, den Konrad der Fromme dem burggräflichen – später markgräflichen – Hause zugefügt hatte, verstanden es die Markgrafen doch, im Laufe der Zeit ihre Ansprüche und ihre Macht in Fürth durchzusetzen: als zu Ende des 18. Jahrhunderts der König von Preußen als Markgraf von Ansbach die ansbachisch-fränkischen Gebiete übernahm, da wurde auch Fürth preußisch. Ohne die Stiftung Konrads wäre dieses Ziel der Eingliederung ins Ansbacher Gebiet freilich leichter und rascher erreicht worden.

Für Fürth bedeutete dies Unsicherheit der Verhältnisse – wie wir anschließend am Beispiel der Bürgermeisterwahl in Fürth zu dieser Zeit sehen können.

Die Stimmen seiner Herren

Die Bürgermeisterwahl im alten Fürth

Im alten Fürth wurden jeweils am Stephanstag (26. Dezember) die neuen Bürgermeister gewählt. Die gemeindefähigen Einwohner versammelten sich zu diesem Zweck im "großen Zimmer" des dompropsteilichen Amtshauses.

Wie ging nun die Wahl vor sich?

Nach der Rechnungsabhör (Rechenschaftsbericht) und der Wahleröffnung durch den bambergischen Amtmann verblieben die dompropsteilichen Untertanen im "großen Zimmer", die nürnbergischen und ansbachischen Fürther begaben sich in den "Saal" oder auf die Tenne des Amtshauses.

Ab 1718 hatte Fürth acht Bürgermeister – drei dompropsteiliche, zwei ansbachisch-brandenburgische und drei nürnbergische. In dem zersplitterten Fürth mußte natürlich jede Partei ihre Vertreter bestellen.

Die Bürgermeister wurden wechselseitig gewählt, d. h. die Bamberger wählten die ansbachischen und nürnbergischen, die Ansbacher und die Nürnberger Untertanen wählten die dompropsteilichen Bürgermeister. Jeder der Bürgermeister war für zwei Jahre bestellt. Von 1718 ab wurden also an Weihnachten jeweils vier neue gewählt: ein ansbachischer und im zweijährigen Turnus ein oder zwei bambergische und ein oder zwei nürnbergische.

Die Bürgermeisterwahl-Ordnung war also ganz dazu angetan, Un-Ordnung zu schaffen: so hat es denn im alten Fürth an Streitigkeiten und parlamentarischem Durcheinander nicht gefehlt. Im Stadtarchiv Fürth sind einige dicke Bände verwahrt, die sich nur mit "Streitigkeiten um die Bürgermeisterwahl" befassen.
(Bis hier: Schwammberger im Fürther Tagblatt)

Zur "Dreiherrschaft" hier noch einige – teils amüsante – Zitate aus der Fürther Stadtchronik:

"Zu Anfang des 16. Jahrhunderts häuften sich die Fälle, in welchen einerseits der Domprobst, andererseits der Rath von Nürnberg Eingriffe wagten in die Kriminaljustiz des Markgrafen, was zu einer Menge von Streitigkeiten und Neckereien zwischen den drei Parteien Veranlassung gab." (S. 29)

"Pfarrer Hofmann zu Fürth erhielt am 13. Juli 1527 von dem Bambergischen Amtmann in Herzogenaurach eine Aufforderung, daß er weder Markgräflich noch Nürnbergisch auf der Kanzel verkünden solle; denn alle hohe Obrigkeit zu Fürth sei seinem gnädigen Herrn und Bamberger Landesfürsten zuständig." (S. 33)

"Im August 1709 war der Markgraf mit seinem Hofstaat hier. Bei der Dooser Brücke wurde ein kleines Lager aufgeschlagen für zwei Compagnien Dragoner und seine Leibgarde. Am 16. August speiste er öffentlich (bei Wirth Kron) und ließ dabei einen Affen sehen, den er als Nürnberger Rathsherrn hatte kleiden lassen ..." (S. 121)

"Auch in diesem Jahr [1776] kam das Ansbacher und das Bamberger Amtspersonal wieder in heftigen Streit. Ein Komödiant hatte in der Fastenzeit zum öffentlichen Ärgerniß Erlaubniß zu seinem Spiele von Seiten Ansbachs erhalten. Das Domprobsteiamt verbot es ihm und ließ ihn während des Herumtrommelns arretiren und wollte ihn auch aus dem Ort schaffen. Das litt seiner Seits der ansbachische Geleitsknecht nicht, und so haben sich die Sicherheitsorgane auf offener Straße herumgebalgt." (S. 174)

"Die Dreiherrschaft wurde zur Quelle ungezählter Streitigkeiten und lächerlicher Plackereien. Ein Beispiel: man wollte 1711 die Bettlerplage eindämmen; daher mußten sich an einem bestimmten Wochentag die Bettler auf dem Kirchhof einfinden, die Bettelvögte gingen durch den Marktflecken, um Almosen zu sammeln, die dann unter die Armen verteilt werden sollten. Zu dieser Austeilung gehörte auch ein Gebet. Die Bambergischen wollten beten 'Gott segne unsern Herrn', der Markgraf aber verlangte 'Gott segne unsern Fürsten'. Und weil man sich darüber nicht einigen konnte, so unterblieben nicht nur die Gebete, sondern auch die gemeindliche Fürsorge für die Bettler – und die zogen nun wieder als tägliche Plage von Haus zu Haus." (Schwammberger III, S. 5)

Aus Fürth kommt kein guter Wind

Was lernen wir aus den obigen obigen Zitaten zur Fürther Dreiherrschaft? Nämlich dieses:

Die oftmals einander widersprechenden Anordnungen der drei Landesherrn hatten natürlich eine Verunsicherung der Fürther Bürger zur Folge: "Man braucht sich nicht zu wundern, daß die 'dreiherrschaftlichen Fürther' ängstlich sind, wenn es um die Wahrnehmung ihrer eigenen Rechte geht. Stehen sie nicht jahrhundertelang im Sturm der Fraischprozesse zwischen den großen Herren,und hat nicht das 18. Jahrhundert allein im Streit um die Landeshoheit mehr als 40 Prozeßschriften hervorgebracht? Was ist ihnen eine Behörde noch wert? Das Mißtrauen stand den Fürthern zu; sie hatten jahrhundertelang unter unsicheren Verhältnissen gelebt...

Wollen wir gar nicht davon reden, daß der Fürther Pfarrer i. J. 1623 im Taufbuch den Seufzer ausstößt: 'Hilf, Gott, wie lose Leute gibts allhie!' So hätte er wohl auch anderswo klagen können. Aber der Lehrer Christian Gottlieb Albig jammert noch 1778 darüber, daß man den Fürthern nachsage, aus ihrem Flecken komme kein guter Wind, und es treffe hier 'allerlei zusammengelaufenes Gesindel' zusammen, ‚das um Verbrechen Willen von anderen Orten ausgewiesen worden... Man beschuldigt hiesige Gemeinde, daß sie alles hier aufnehme, es möge Zeugnis seines Wohlverhaltens aufgewiesen haben oder nicht.

Doch fügte er gleich hinzu: 'Meiner Schuldigkeit gemäß muß ich nun hier die Einwohner Fürths wider diese üble Nachrede verteidigen. Ich muß zwar bekennen, daß hier wegen der vielerlei Herrschaften die Polizei und Kirchenzucht schlechter denn anderer Orten sind und auch daher hier so leicht keine Besserung zu hoffen. Es gibt auch viele böse Leute hier. Daß sie aber an anderen Orten viel besser sein werden, glaube ich nicht. Auch tut hiesige Gemeinde schon viele Jahre her niemand aufnehmen, bevor man Attesta seines Wohlverhaltens bei ihr vorgezeigt hat'... Dieses Auf und Ab, diese Lockerheit des Lebens ist ein Geschenk der Dreiherrschaft. Was der eine Landesherr nicht zuläßt, schenkt der andere. Dies ist die freundliche Gabe des Schicksals an Fürth: hier lebt man frei, jedenfalls freier als in Nürnberg, Erlangen,Schwabach oder Ansbach.

...Dieses freie Fürth wird im 17. Jahrhundert zu einer Zuflucht für Emigranten; Niederländer kommen zunächst, dann Franzosen, die die Aufhebung des Edikts von Nantes 1685 vertrieben hatte. Sie alle geben reiche Impulse für das Handwerk, den Handel – aber auch für das Nachdenken über die menschliche Gesellschaft... "(Schwammberger I/Mauersberg, S. 180 f)

"In Schwabach und Erlangen wurden im 17. Jahrhundert Hugenotten, das sind Protestanten, die wegen ihres Glaubens aus Frankreich vertrieben wurden, angesiedelt. Dadurch ergab sich für das Nürnberger Nadlergewerbe und die Handschuhfabrikation eine starke Konkurrenz." (Maas I, S. 184)

Es scheint mir also doch so, daß die unterschiedlichen Anordnungen wie auch verschiedenartige politische und wirtschaftliche Bestrebungen der drei Herren immer wieder in Konkurrenz zueinander standen, von der die Einwohnerschaft von Fürth profitierte. Es ging davon wohl auch die belebende Wirkung auf Handel und Gewerbe aus.

"Was ist den Fürthern eine Behörde noch wert? – Das Mißtrauen stand ihnen zu" – haben wir über die Folgen der jahrhundertelangen Dreiherrschaft soeben gelesen. Die berühmteste Geschichte über das Mißtrauen der Fürther gegen jede Obrigkeit darf hier natürlich nicht fehlen: Die Fürther hatten 1792 ihre wichtigsten Gemeindeurkunden vor den herannahenden Preußen in Nürnberg versteckt. Wie das dann weiterging, hat A. Schwammberger in den "Fürther Nachrichten" vom 28. Dezember 1974 erzählt. Hier einige Auszüge daraus:

"So verstehen wir, daß die Fürther 1792, 'als die Preußen kamen', ihre wichtigsten Urkunden nicht in ihrer eigenen Registratur aufbewahrten: sie hatten ihre wichtigsten Urkunden einer 'Schutzlade' mit drei Schlössern – und diese Truhe dem Nürnberger Wirtshaus zur 'Blauen Glocke' – in Gostenhof – anvertraut."

Als der oberste preußische Beamte in Fürth, der Assessor Körner, 1804 diese Urkunden endlich sehen wollte (nach zwölfjährigem preußischem Regime also!), zeigten sich die Fürther immer noch ängstlich, vorsichtig und (vielleicht dürfen wir auch sagen:) bockig. Sie wollten ihm ihren Lebenskreis noch immer nicht öffnen; nicht umsonst hatten sie sich fünf Jahrhunderte lang durch eine immerzu schwankende Welt geschlagen.

Der empörte Assessor Körner berichtete nach Ansbach:

"Ich zeige an, daß die hiesige Gemeinde noch immer in Nürnberg eine Kiste mit Dokumenten aufbewahrt, welche die Schutzlade genannt wird und ich beantrage, daß sie hierhergebracht wird, damit man die Dokumente daraufhin untersuchen kann, ob sie uns nützlich sind; denn sie sollen, wie ich erfuhr, wichtige Aufschlüsse über die Rechte und Verpflichtungen der Gemeinde gegenüber der Dompropstei Bamberg enthalten. Wir haben schon mehrmals die hiesigen Bürger, die über die Aufbewahrung der Lade Bescheid wissen und die Schlüssel dazu haben, aufgefordert, sie hierherzuschaffen; allein die Worte waren vergebens. Die Dokumente fehlen also noch immer hier und statt daß dadurch mancher Streit zwischen Regierung und Gemeinde auf das leichteste beseitigt werden könnte, ruhen sie in Nürnberg und nutzen zu nichts. Dieses wenige Zutrauen der hiesigen Bürger gegen die Obrigkeit bezeichnet ihren Charakter und beweist aufs neue, wie sehr sie darauf aus sind, Sonderrechte zu beanspruchen. Es ist wirklich viel, daß es noch Bürger in einem Staat geben kann, die gegen die guten Absichten des Regenten und der Landesregierung Mißtrauen hegen können"...

Schließlich gelang es doch, die maßgebenden Fürther Männer davon zu überzeugen, daß man sich gegen die neue Zeit nicht stemmen könne. So reiste der Assessor Körner zusammen mit dem Gemeindeassessor Korte, dem Gemeingedeputierten Schneider und dem Kaufmann Gebhardt nach Nürnberg, um die Truhe aus der 'Blauen Glocke' zu holen... Im Büro des Assessors Körner wollte man sie öffnen. Allerdings verfügten die 'vernünftigen Fürther' nur über zwei Schlüssel der Dreischlössertruhe; der Schlüssel für das dritte Schloß wurde von dem Schweinauer Schutzführer aufbewahrt (Schweinau war, wie auch Burgfarrnbach, Unterfarrnbach, Ober- und Unterfürberg, Atzenhof, Mannhof, Poppenreuth, Groß- und Kleinreuth, vom Dompropsteiamt Fürth verwaltet worden). Man wagte gar nicht, auf seine Einsicht zu rechnen. Also öffnete man zwei Schlösser mit Hilfe der Fürther Schlüssel und das 'Schweinauer Schloß' mit Gewalt."

So hatten sich die Fürther mit ihren wichtigsten Papieren also ausgerechnet nach Nürnberg geflüchtet – aber in den Zeiten der Dreiherrschaft war das die einzige Möglichkeit, den anderen beiden zu entkommen...

Dieses Mißtrauen der Fürther, das sich nicht festlegen will, drückt sich in einem Fürther Vers aus, den die Nürnberg-Fürther "Frankenbänd" dankenswerterweise noch heute – 1992 – als schaurig-lustiges Mundartlied zum Besten gibt:

> "In Färdd – odder wou/hod a Wärdd – odder wer/
> sei Fraa – odder wen/derschloong – odder wos...

...weil man in Fürth nicht alles so eng sieht.

Aus allen Büchern und Schriften, die ich zur Untersuchung und Ergründung des chronisch angespannten Verhältnisses zwischen den beiden Nachbarstädten finden konnte, läßt sich immer wieder herauslesen, daß die Starrheit des herrschenden Zunft- und Gewerbezwangs und die obrigkeitliche Gängelei in Fürth bei weitem nicht so einengend waren wie beispielsweise in Nürnberg.

..."weil nach uraltem Brauch in Gostenhof, Schweinau, Röthenbach und Stein die Gesellen auf eigene Faust arbeiten dürfen – wie in Fürth"... (Jegel, S. 253)

"Den Handwerkern gelang es verhältnismäßig leicht, sich in Fürth niederzulassen; im Zeichen der Dreiherrschaft war man großzügig – für einen Metallschläger, der in Nürnberg 12 Ambosse nachweisen mußte, bevor er seine Werkstatt eröffnete, genügten in Fürth sechs, und mancher, der sich in Nürnberg nicht mehr halten konnte, zog nach Fürth 'hinter der Staude'". (Schwammberger/Mauersberg, S. 183)

Über die Vertreibung der in Nürnberg mißliebigen Handwerker kann man in der Fürther Stadtchronik etliche Hinweise finden:

"Der erste Drechsler, der sich um diese Zeit [um 1700] in Fürth niederließ, hieß Zick. Er war von seinem Handwerk in Nürnberg vertrieben worden, weil er sich mit einem Frauenzimmer vergangen hatte. In Fürth machte er hölzerne Posthörnchen und Spielwaren und zog durch seine Lehrlinge und Gesellen viele nach, welche diese Artikel, ehemals blos in Nürnberg gemacht, verfertigten. Aus gleicher Ursache wurde ein Metallknopfdrechsler aus Nürnberg verjagt; auch er wurde in Fürth ansässig und brachte es auf 24 Gesellen, von denen sich viele selbstständig etablirten, sodaß nun [1788] 60 Drechsler gerechnet wurden. Bei anderen Handwerkern ging es ebenso, nur war die Zahl ihrer Nachfolger im Geschäft eine geringere... Auch machte sich der erste Metallschläger Namens Meyer hier ansässig; er kam von Nürnberg, wo er wegen eines Vergehens mit einem Frauenzimmer von den Meistern nicht mehr geduldet worden war, und wo ihm das Rugamt [die Handwerkeraufsichtsbehörde] verboten hatte, auf seinem Handwerk weiter zu arbeiten... Später [1708 und 1709] siedelten unter demselben Verhältniß noch zwei Metallschläger von Nürnberg nach Fürth und haben sich dieselben von dieser Zeit an so vermehrt, daß sie nach 50 Jahren an Meistern und Gesellen 300 waren. Damals wurde auch die erste Tafelglasfabrik in unserer Gegend errichtet, und zwar zwischen Emskirchen und Brunn..." (Fronmüller, S. 114 f., 118)

"Diese Fürther Handwerker waren für die Nürnberger eine harte Konkurrenz und daher entsprechend unbeliebt. 'Wenn ich so wäre wie du', läßt Hans Sachs einen Nürnberger Handwerker zu seiner liederlichen

Frau sagen, 'dann müßte ich längst nach Fürth auswandern'". (Schwammberger I/Mauersberg, S. 183)

Also das dürfte ja – so habe ich mir gedacht – vielleicht der wichtigste Grund gewesen sein, warum die Nürnberger Handwerkszünfte von Anfang an auf Fürth mit seinen liberalen Lebens- und Arbeitsbedingungen sauer gewesen sein mußten: die aus Nürnberg vertriebenen Handwerker hatten ja nichts Besseres zu tun, als von Fürth aus dem benachbarten Nürnberg nach Kräften Konkurrenz zu machen. Was aber sonst hätten sie – die sie in Nürnberg in Ungnade gefallen waren – auch machen sollen? – Etwa nach China auswandern – oder was? Selber schuld, die Nürnberger – meine ich.

Wenn also die Nürnberger in jener Zeit auf die Fürther herabblicken, so steckt auch ein ganz hübscher Neid dahinter: im Fürth des 17. und 18. Jahrhunderts arbeiten ganz ausgezeichnete Künstler, nämlich Gold- und Silberschmiede, Kleinuhr- und Buntpapiermacher; sie belieferten ganz Europa. Daß sie einen so weiten Umkreis erreichten, ist wohl besonders den jüdischen Händlern zu danken, die ihre Fürther Waren auf monatelangen Reisen anboten.

Eine Abwandlung des Albigschen Ausrufs hat sich – vornehmlich bei der Nürnberger Bevölkerung – bis in heutige Tage erhalten –

"Vo Färdd rauf kummd niggs Gscheids!"

– und damit ist nicht nur das meistens von Westen aufziehende schlechte Wetter gemeint.

An dieser Stelle möchte ich eine kleine Anekdote einflechten, die von unserem damaligen Direktor an der Oberrealschule Fürth – heute Hardenberg-Gymnasium – überliefert ist. Dr. Albert Riemann, selber "waschechter" Nürnberger, leitete unsere Oberrealschule von 1952 bis 1969. Eines Tages – es war in den frühen fünfzigern – ging er mit einem Kollegen auf dem Nachhauseweg durch die Fußgänger-Unterführung zur Jakobinenstraße, um dort in die Straßenbahn einzusteigen. Unterwegs im Tunnel begegneten die beiden Herren in Hut und Mantel – es war Winter – einem Straßenkehrer, der kurz aufblickte und sogleich wieder eifrig seinen Besen schwang. Die beiden Herren blickten sich ebenfalls kurz an und und Albert Riemann fragte lachend: "Kennen Sie den Unterschied zwischen einem Nürnberger und einem Fürther Straßenkehrer, Herr Kollege?" – Als dieser verneinte, fuhr Albert Riemann fort: "Ein Nürnberger Straßenkehrer macht eine kleine Arbeitspause, wenn ein Herr mit Hut und Mantel an ihm vorübergeht – ein Fürther dagegen fängt in diesen Augenblick erst richtig an, den Dreck aufzuwirbeln. Das sind sie eben – die Fürther – in ihrer rotzigen Weltüberlegenheit!"

Vertreibung von Juden aus Nürnberg

Es waren nicht nur die mißliebigen Handwerker, die Nürnberg aus der Stadt jagte, sondern auch und immer wieder die Juden.

"Fanatismus und Habsucht hatten im Jahre 1349 eine theilweise und 1498 die gänzliche Vertreibung derselben aus Nürnberg unter grauenvollen Umständen bewirkt...Nürnberg hatte sich durch die Judenvertreibung eine tiefe Wunde selbst geschlagen. Theils fehlten ihm seitdem wenigstens die Hälfte der benöthigten Kapitalien, theils entging ihm jenes industrielle Ferment, welches aller Orten die Israeliten zur Förderung von Verkehr und Handel bilden...Die Vexationen und Bedrängungen der Juden von Seite der Reichsstadt waren um diese Zeit [1773] sehr bedeutend. Hatte ein Jude daselbst ein Geschäft, so fand er nur bei dem Spittler- und Thiergärtnerthor Einlaß, wogegen er 45 Kreuzer an den Stadtpfänder, dann 15 Kr. für die Begleitung, die ihn nie verließ, bezahlen mußte. An Sonn und Festtagen, sowie in der Charwoche blieb Nürnberg den Juden unbedingt verschlossen; auf dem öffentlichen Markte, welcher täglich abgehalten wurde, durfte er nie sichtbar werden, in keinem Hause eines Christen ein Gewölbe oder Comptoir zu Geschäften benützen, viel weniger eine Niederlage halten unter Vermeidung der Confiskation seiner Waare, er dufte nie in Nürnberg übernachten; jeder Wechsel, welcher ausgestellt werden sollte, mußte, wenn er gültig sein sollte, von einem Rechtskundigen... gefertigt werden..., wie überhaupt sämmtliche von Nürnberg ausgegebene wechselrechtliche Bestimmungen überall lästige Beschränkungen für die Juden enthielten." (Fronmüller, S. 34 f., 170)

Jetzt darf der geneigte Leser raten, wo diese aus Nürnberg vertriebenen Juden sich vor allem niederließen – richtig: in Fürth!

Und so habe ich noch einiges aus den Schriften ausgebuddelt, was die Fragestellung "Woher kommt der ewige Zoff zwischen Nürnberg und Fürth?" gerade im Zusammenhang mit den aus Nürnberg vertriebenen Juden von Bedeutung sein könnte. Im folgenden also einiges über:

Die Bedeutung der Juden für die Stadt Fürth

Schon nach dem Edikt des Nürnberger Rates von 1499 hatten sich mehrere jüdische Familien in Fürth niedergelassen.

"Die Geschichte der Juden in Fürth beginnt 1528. Der Ansbacher Markgraf gestattete dem Juden Männel 'als erstem' die Niederlassung in Fürth. Die Dreiherrschaft... war auch für die Entwicklung der jüdischen Gemeinde von Vorteil; hier fanden sie den Schutz, der ihnen andernorts (beispielsweise in Nürnberg oder auch in Wien) versagt war. So erlaubten wenig später – 1556 – die Bamberger Dompröbsten den Juden die Ansiedlung. 1601 zählte Fürth bereits 22 jüdische Familien und ein Jahr vor Ausbruch des Dreißigjährigen Krieges wurde die erste Synagoge fertiggestellt (die zweite folgte 1697)." ("kristallnacht", S. 3)

"Im Jahre 1716 sind zwischen 350–400 steuerbare jüdische Familienväter aufgeführt. Aus diesem Verzeichniß ist ersichtlich, daß aus allen Gegenden Deutschlands Juden nach Fürth gezogen waren, so aus Frankfurt, Mainz, Hamburg, Wien, Prag und Naumburg." (Fronmüller, S. 127)

"Der sich schnell vermehrenden Judengemeinde wurde in voller Toleranz das Mitspracherecht in der Gemeindeversammlung zugesprochen, und die Israeliten stellten bereits im 16. Jahrhundert einen eigenen Judenbürgermeister. In der Folgezeit waren sie in der Gemeindeverwaltung mit zwei Gemeindevorstehern vertreten. Um 1700 betrug die Zahl der jüdischen Einwohner ca. 1500." (Mauersberg, S. 21)

Wie ich so aus den Schriftquellen herausfinden konnte, hatte die jüdische Gemeinde ihre Blüte zwischen 1750 und 1890, als sie etwa ein Fünftel der Bevölkerung ausmachte.

"Der Grund liegt darin, daß der Marktflecken Fürth machtpolitisch gewissermaßen ein Vakuum darstellte, oder anders gesagt, statt einer Herrschaft gleich deren drei über sich walten hatte...Aus dieser machtpolitischen Neutralisierung zogen die Fürther Bürger ihren Vorteil und sicherten sich weitgehende persönliche Freiheiten. Und auch die Juden konnten sich diesen glücklichen Umstand zunutze machen.

Mochten die Bamberger oder der Markgraf von Ansbach in ihrem eigenen Herrschaftsbereich auf das rabiateste mit den Juden umgehen

– in Fürth, auf gleichsam exterritorialem Gebiet –, mußten sie sie in Ruhe lassen. Dorthin schoben sie ihre Juden ab – und ließen sich dafür freilich die ansehnlichen sogenannten Schutzgelder zahlen." (Zeller, S. 10 f.)

"Im Vergleich zu den staatsrechtlichen Verhältnissen der übrigen Juden in Deutschland erscheint wohl das Recht der Fürther Juden, in den Gemeindeangelegenheiten der Hofmark Fürth Sitz und Stimme zu haben, als das bedeutendste, weil hierin eine Auffassung sich kundgibt, die der damaligen Zeit fremd war und fern lag, nämlich die, daß bei gleichen Belastungen im Gemeindeorganismus auch die gleiche Berechtigung einzutreten habe." (Fronmüller, S. 102)

"Die jüdische Bevölkerung in Fürth nahm von Jahr zu Jahr an Zahl und an Wohlhabenheit zu, erregte dadurch aber auch den Neid der benachbarten Städte, den Haß und die Verfolgung von Seiten der damals sehr orthodoxen Protestanten, die Habsucht der Fürsten. Sowohl der Markgraf als der Domprobst suchten sich angelegentlich die Herrschaft über sie zu sichern, um sie nach Herzenslust ausbeuten zu können." (Fronmüller, S. 115)

"Auch in Fürth gab es selbstverständlich viele wohlhabende Juden. Sie waren ja, wenn man es überspitzt so sagen will, zum Reichtum verdammt. Zum einen bildete das Schutzgeld die... Sicherung ihrer Existenz. Und dann waren die Juden, wie man weiß, auf Handel und Geldgeschäfte beschränkt, da sie vom Handwerk und von der Landwirtschaft ausgeschlossen blieben. Landesweit handelten die Fürther Juden auf Messen und Märkten: mit Gewürzen, Tuchen und Seide, mit Spiegeln, Juwelen, Gold und Schmuck, später auch mit Vieh. Und nicht wenige von ihnen wurden sehr reich dabei. Ihr Einfluß nahm zu... 1719 war von dem Bamberger Domprobst ein 'Reglement für gemeine Judenschaft in Fürth' erlassen worden, dessen Liberalität in Deutschland seinesgleichen sucht. In ihm wurden Religionsfreiheit und eine eigene Gerichtsbarkeit, die lange schon praktiziert wurde, noch einmal ausdrücklich festgeschrieben, in einem ordentlichen Vertrag, bei Zahlung eines 'Schutzgeldes', das versteht sich.

Die Freizügigkeit, die man den Juden in Fürth ließ, trug bis weit ins 19. Jahrhundert hinein ihre Früchte. Von Fürth gingen entscheidende Anregungen zur Emanzipation der deutschen Juden aus... Viele Ämter wurden hier zum ersten Mal von Juden erobert: unter anderem der erste jüdische Rechtsanwalt in Bayern stammte aus Fürth, der erste Landtagsabgeordnete, der erste Richter ebenso wie der erste

Schulrektor – alles in den vierziger bis sechziger Jahren des letzten Jahrhunderts. Und dennoch blieb – ein Wunder fast – dabei der soziale Friede in Fürth gewahrt...(Zeller, S. 14 ff)

Wie dieses schiedlich-friedliche Nebeneinander über so lange Zeit gutgehen konnte, dafür gibt es erzählenswerte Beispiele in den Geschichtsquellen, aus denen man verstehen kann, warum man in Fürth immer ein wenig ungezwungener und kreativer, ein wenig unvoreingenommener und unbürokratischer – und zuletzt auch ein wenig freier dachte und an die Dinge heranging – als zum Beispiel in Nürnberg oder anderswo. Der Pfarrer Karl Friedrich Lochner z. B. war mit dem reformierten Handelsmann Paul Lersch befreundet, der protestantische Buchdrucker Abraham van Werth brachte etwa um 1700 in Fürth die Schrift eines Katholiken heraus, in der die Christen Deutschlands, Italiens und besonders Polens daran gemahnt wurden, sich gegenüber den Juden christlich zu verhalten – und derselbe van Werth druckte in Fürth 1701 eine katholische Bibel. In diesem Fürth mahnt der Pfarrer Daniel Lochner 1723 von der Kanzel aus die Menschen, den Henker nicht länger zu verachten, der doch seinen Auftrag vom Richter bekomme, den die Leute ja nun ganz gewiß nicht verachteten – und er ist mit diesem Hinweis auf die Mitverantwortung der Gesellschaft seiner Zeit um hundert, ja zweihundert Jahre voraus.

Ein ebenso bemerkens- und erzählenswertes Beispiel ist das Zusammen-Leben und Zusammen-Wirken des Rabbi Dr. Isaak Loewi in Fürth mit seinen katholischen und protestantischen Kollegen. Ich darf es hier aus verschiedenen Quellen einmal mit eigenen Worten so zusammenfassen: Am 21. März 1831 wurde Isaak Loewi in der Hauptsynagoge in Fürth in sein neues Amt als Stadt- und Distriktrabbiner eingeführt. Alles, was in Fürth Rang und Namen hatte, war vertreten – der Bürgermeister Baeumen, die Magisträte – sowie die königlichen Beamten. Dabei war die Wahl Loewis in der Fürther Judenschaft umstritten gewesen, da er als Wortführer der Reformpartei und Vorkämpfer eines liberalen Judentums galt. Die orthodoxen Juden Fürths wollten auf keinen Fall einen derart "aufgeklärten" Oberrabbiner – sahen sie doch damit ihre Rechte und Traditionen gefährdet. Loewi, der Unduldsamkeit und religiöse Schwärmerei ablehnte und meinte, daß der wahre Glaube vernünftig und geläutert gelebt werden müsse, trachtete vor allen nach einem noch besseren Verhältnis zu den Christen: Juden und Christen seien Kinder eines Vaters, seien somit also Brüder, und es sei endlich an der Zeit, das gemeinsame Leben auf gegenseitiger Achtung und Freundschaft aufzubauen. Dieses Miteinander von Juden und Christen war Kernpunkt seines Rabbinats in

Fürth über 42 Jahre. Loewi wurde darin vehement vom Fürther Oberbürgermeister unterstützt.

Der Oberrabbiner beließ es aber nicht nur bei diesen großen Worten – er lebte sie seinen Glaubensgenossen auch vor – was ihm von seiten der orthodoxen Juden in Fürth auch prompt den Vorwurf des "unsittlichen und unstandesgemäßen Benehmens" eintrug: in der Fürther Öffentlichkeit – als auch mit seinen "Mitpriestern" – dem evangelischen wie auch dem katholischen Geistlichen – pflegte Loewi freundschaftlichen Umgang. Häufig unternahm man gemeinsame Spaziergänge und traf sich einmal wöchentlich am Stammtisch. Kein Wunder, daß Loewi von den Fürthern ganz allgemein sehr geschätzt wurde, weil er auch das öffentliche Leben der Stadt mittrug. Dazu ein Beispiel: Mit Daniel Ley und Dr. Fronmüller gründete er 1843 den Gewerbeverein, dessen Vorstandschaft er bis 1872 angehörte. Aber auch in kleinen Dingen bewies Loewi Weltoffenheit: In einem Festgottesdienst 1864 sammelte er 65 Gulden, die er aber nicht für seine jüdische Gemeinde aud die Seite brachte, sondern sie "zum Besten der Maximilians-Studien-Stiftung für Kunst und Wissenschaft" zur Verfügung stellte.

Aus dieser Zeit, da in Fürth der evangelische Pastor, der katholische Pfarrer und der Rabbi wöchentlich beim Stammtisch beieinander saßen, gibt es eine nette Anekdote, die ich hier nur dem Sinne nach wiedergeben kann – Dr. Hermann Hanschel, dessen Ausführungen wir später noch in dieser Nürnberg-Fürther Zoff-Sammlung begegnen werden, hat sie mir in einem persönlichen Gespräch erzählt. Sie sagt etwas aus über den Witz und die Schlagfertigkeit Loewis. Der damalige katholische Stadtpfarrer Zahnleitner soll einmal beim Stammtisch – vor seinem dampfenden Schweinebraten – zu Loewi gesagt haben: "Also das möchte ich ja zu gern erleben – daß du auch einmal so einen schönen Schweinebraten ißt!" Loewi soll darauf geantwortet haben: "Na spätestens doch, wenn du Hochzeit machst!"

Ein gut Teil des Fürther Wohlstands war den Juden zu verdanken.

"Und die Juden zahlten es der Stadt zurück, daß sie ihnen die freie Entfaltung ihrer Möglichkeiten gönnte . . .: jüdische Bürger waren bis ins 20. Jahrhundert hinein die freigebigsten Stifter und Mäzene der Stadt. Die mit ihrem Geld geschaffenen Sozialeinrichtungen kamen selbstverständlich auch allen nichtjüdischen Mitbürgern zugute." (Zeller, S. 14 ff)

"Viele Stiftungen und bedeutende Spenden stammten von jüdischen Geschäftsmännern, so zum Beispiel das Nathanstift, das Berolzheimerianum und die Lungenheilanstalt im Stadtwald, die später – Ironie der Geschichte – in eine SA-Schule umfunktioniert wurde. Auch für den Bau des Fürther Stadttheaters kam ein überdurchschnittlicher Beitrag von jüdischer Seite." (kristallnacht, S. 4)

Zeller gibt eine Einschätzung wieder, der ich mich nach allem Gelesenen über das Thema "Die Juden in Fürth" anschließen möchte: Für ihn sei die Entwicklung der jüdischen Gemeinde in Fürth ein Modell dafür, wie das Zusammenleben von Christen und Juden in Europa auch hätte aussehen können ... "Sie lebten, Hauswand an Hauswand, schiedlich-friedlich neben den christlichen Bürgern, waren rechtlich und politisch annähernd gleichgestellt, besaßen das Stimmrecht und verfügten gemeinsam ... über die Geschicke der Gemeinde." (S. 10)

Auch aus der Vertreibung der Juden aus Nürnberg und dem Entstehen der jüdischen Gemeinde in Fürth habe ich für mich den Schluß gezogen, daß Nürnberg selber dran schuld war, daß ihm seitdem viele der "benöthigten Kapitalien" und jenes "industrielle Ferment, das die Israeliten zur Förderung von Verkehr und Handel bildeten", durch den restriktiven Umgang mit den Juden verloren gegangen war.

Nürnberg-Fürther Volksweisheit:

> "In Färdd – dou gidds vill Judn und vill Wärdd!"

Vielleicht hat von daher auch der Volksspruch seinen Ursprung:

> "Und wer går niggs wärd – der wärd Wärdd in Färdd!"

Die Preußen stärkten Fürth – gegen Nürnberg

Wenn man der Fairneß halber Punkte vergeben wollte – sagen wir: jeweils für den von den beiden, der soeben vom andern geärgert, mißachtet oder zurückgesetzt worden ist – dann müßte unter dem folgenden Kapitel "Fürth unter den Preußen" Nürnberg jetzt etliche solche "Versöhnungspunkte" erhalten, denn in dieser Zeit hatte man in Nürnberg manchen Grund, auf die Preußen und auf Fürth – und letztlich auch auf den eigenen Vorort Gostenhof sauer zu sein.

Im folgenden einige Gedanken und Erläuterungen von Prof. Gerhard Pfeiffer zum Bau der Nürnberg-Fürther Straße, die für unsere Nürnberg-Fürther "Zoff-Sammlung" interessant sind.

Die Zeit der Blüte Fürths begann unter dem großen Hardenberg, als Fürth, – weil ein Teil der Markgrafschaft Ansbach – zu Ende des 18. Jahrhunderts an Preußen fiel.

Nachdem 1792 die Fürstentümer Ansbach und Bayreuth an Preußen übergegangen waren, trachteten die neuen Landesherren, sich auch Nürnberg einzuverleiben. Der kgl. Staatsminister und spätere preußische Staatskanzler Karl Freiherr von Hardenberg wollte Nürnberg preußisch machen.

"'Es würde', so betonte er in einer Denkschrift des Jahres 1797, 'vorteilhaft für das Commerz' sein, wenn Nürnberg preußisch würde ... Nürnberg und sein Landgebiet würden außerdem die voneinder räumlich getrennten Fürstentümer Ansbach und Bayreuth einander territorial näherbringen. Solche Gründe mußten die Bemühungen um den Erwerb Nürnbergs wachhalten." (Pfeiffer, S. 1 f)

"Da sich der Rat der Stadt Nürnberg jedoch trotz drückender Schulden den Einverleibungsabsichten des Freiherrn von Hardenberg widersetzte, beschloß man in Preußen, den Nürnbergern das Wasser abzugraben. Man stärkte die Nachbarstadt Fürth, versuchte die preußischen Vororte wie Gostenhof hochzupäppeln und faßte schließlich den Plan, Gostenhof mit Fürth durch eine bessere Straße zu verbinden." (Fränkische Tagespost v. 25. 4. 1956)

"So förderte man nach Möglichkeit die Handwerker in den Vororten, die trotz der Nürnberger Hoheitsansprüche von Preußen besetzt worden waren. Auch die Verlegung der markgräflichen Bank von Ansbach nach Fürth war eine solche deutliche Kampfmaßnahme gegen Nürnberg. Eine Hebung des Wirtschaftslebens der Markgrafschaft ging eben auf Kosten Nürnbergs." (Pfeiffer, S. 2)

"Fürths Gewerbe würde aufblühen, wenn man das Nürnberger Publicum durch einen guten Weg zu Vergnügungsreisen nach Fürth einladete!"

Ferner lag die Lenkung des Nürnberger Handelsverkehrs über Fürth im Zollinteresse.

Daher nahmen die Preußen – bzw. Hardenberg – den Ausbau der Landstraßen energisch in Angriff, als wichtigste davon den Weiterbau der Frankenstraße, also der Fernstraße von Frankfurt nach Nürnberg. Diese war 1799 bereits bis Burgfarrnbach ausgebaut und nach Fürth hinein verbessert worden. Was lag also näher, als diese Straße bis zu den Vororten Nürnbergs zu verlängern? Von diesen Erwägungen, "der Vorstadt Gostenhof auf diese Art mehr Verkehr zu geben", leitet sich der Gedanke ab, die Fürther Straße zu bauen. Man wollte also Gostenhof mit Fürth durch eine bessere Straße verbinden.

Für die zweckmäßigste Linienführung einer solchen Straße boten sich damals zwei Möglichkeiten an, nämlich den Ausbau der "Hauptheeres- und Geleitsstraße", die vom Neutor über Schniegling und die Dooser Brücke sich in der Kurgartenstraße und der Hornschuchpromenade in Fürth fortsetzte. Daneben bestand auf dem südlichen Pegnitzufer eine Landstraße – etwa mit dem Verlauf Hornschuchpromenade – Muggenhofer Hauptstraße – Bärenschanzstraße.

Da die preußische Verwaltung die Tradition der Geleitsstraßen – nämlich, daß die Kaufleute durch eine Art militärischer Escorte in Nürnberg abgeholt und begleitet wurden – als staatswirtschaftlich nutzlos und altmodisch betrachtete, war die geplante Straßenführung zwischen Fürth und Gostenhof eine reine Frage der Zweckmäßigkeit. Und noch eines scheint mir in diesem Zusammenhang erwähnenswert:

"In Berlin bediente sich Hardenberg eines gebürtigen Franken als Sachbearbeiter in Fragen des Straßenbaus – nämlich des Ansbacher

Offizierssohnes Karl von Altenstein... Das Ergebnis der Berliner Beratungen war, daß man sich gegen den Ausbau der alten Geleitstraße und für die südlich der Pegnitz verlaufende Landstraße entschied." (Pfeiffer, S. 11)

1801–1804: Der Bau der Fürther Straße: Nürnberg mußte die Pflastersteine dafür liefern.

Zum Bau der Fürther Straße habe ich bei Gerhard Pfeiffer die folgenden Informationen gefunden, die ich hier ein wenig zusammengefaßt wiedergeben möchte: Das Baumaterial für die Fürther Straße, d. h. die geeigneten Pflastersteine – waren nur in den Wendelsteiner Steinbrüchen (sog. "Wendelsteiner Quarzit") zu finden. Die preußische Verwaltung ging in diesem Punkt – nämlich der Beschaffung dieser Pflastersteine – rigoros vor, indem sie zwar die Steinbruchbesitzer, nicht aber die Stadt Nürnberg als Inhaber der "Eigenherrschaft" entschädigte.

Die Reichsstadt reagierte daher sofort sauer. Der Rat der Stadt erließ ein Verbot zur Lieferung von Pflastersteinen aus den Wendelsteiner Brüchen zum Fürther Straßenbau – und so begann ein kalter Kleinkrieg – diesmal zwischen Nürnberg und Ansbach – wegen der Wendelsteiner Pflastersteine für die Fürther Straße, die die Nürnberger ja am allerwenigsten wollten...

"Auch die Anfuhr der Steine ging nicht ohne Schwierigkeiten vor sich. Sie wurde durch Zwangsfuhren der Bauern bewerkstelligt. Da die Entschädigung der Bauern nach dem Tausend der herbeigefahrenen Steine...erfolgte, hatten die Bauern ein Interesse daran, möglichst kleine Steine zu fahren, obwohl die Chausseebauverwaltung eine Mindestgröße für die Pflastersteine festgesetzt hatte. Da alles kleinere Steinmaterial als unbrauchbar zurückgewiesen wurde, entstand unsäglicher Streit darüber, wer für die Kosten und den Transport der zu kleinen Steine aufkommen sollte." (Pfeiffer, S. 17)

Im April 1801 begann der Bau, im Herbst hatte man bereits etwa 1.200 m fertig und war am heutigen Knick Hornschuchpromenade/ Kurgartenstraße angekommen. An dieser Stelle errichtete man ein Haus zur Einnahme des Chausseegeldes (heutiges Anwesen Nürnberger Straße 3). Dort wurde ab 1802 das Chausseegeld für die Benutzung der Teilstrecke bis vor Muggenhof erhoben. Der Fortgang des Baus wurde behindert durch die Senke des sogenannten

Muggenhofer Tales – durch das man ein Menschenalter später den Ludwigskanal hindurchführte und in dem heute eine Kläranlage steht. Im September 1802 war man auf der Höhe der heutigen Einmündung der Muggenhofer- in die Fürther Straße angelangt. Knapp 2,14 km waren damit vollendet. Von diesem Punkt an macht die Fürther Straße einen leichten Knick nach Norden und verläuft weiter auf das Gatter zwischen Bärenschanzstraße und Rochusfriedhof zu – also unweit der Einmündung der Eberhardshofstraße in die heutige Fürther Straße. Der Bau, der damals im In- und Ausland viel Aufsehen erregt hatte, war 1804 – im Winter des 4. Baujahres – abgeschlossen.

Der m. E. schönste Nürnberger "blöde Spruch" zu diesem Kapitel ist dieser:

> "Waßders scho – heid wärd di Färdder Schdraß gschberrd – wall der Blousårsch vo Färdd es Rådfåhrn lerner doud!"

Die Folgen des Straßenbaus

Wie bei Gerhard Pfeiffer zu diesem Thema nachzulesen ist, war eine der wesentlichsten Folgen des Baus der Fürther Straße die Verlagerung des Schwerpunktes des Nürnberger Geschäftslebens von der Sebalder auf die Lorenzer Seite der Stadt. Noch einmal bei der Planung des Bahnbaus von München nach Nürnberg und von Nürnberg nach Bamberg hatten sich Magistrat und Kaufmannschaft verzweifelt gegen diese Entwicklung gestemmt, als der Bahnhof im Süden der Stadt angelegt werden sollte. Die staatliche Bahnverwaltung blieb aber bei ihrem Plan und machte auch nicht das Zugeständnis der Errichtung des Bahnhofs am Plärrer. Damit war die Umsiedlung der Hotels nach dem Süden der Stadt und die Entfaltung der Lorenzer Seite zur Geschäftscity auf Kosten der stiller werdenden Sebalder Seite unaufhaltsam geworden.

"Die Fürther Straße ist ein wichtiges Ergebnis der kurzen preußischen Regierungstätigkeit in Franken gewesen. Rational in der Planung, ohne Rücksichtnahme auf die Tradition, ja fast brutal gegen Widerstände, hat die preußische Verwaltung die Straße gebaut gegen den Willen der Reichsstadt und gegen die Interessen ihrer Kaufmannschaft, jedoch im Interesse der 'fränkischen Provinzen' Preußens und zur Förderung der Wirtschaft Fürths und Gostenhofs." (Pfeiffer, S. 24)

Bad Fürth Gaggalasquelle

Nürnberger und Fürther Lohnkutscher gerieten aneinander – und so ist es gelegentlich noch heute…

"Durch die neue, mit der Fürther Straße geschaffene Verkehrsmöglichkeit rückten Nürnberg und Fürth näher aneinander – im Guten wie im Bösen...Damit wächst die Konkurrenz zwischen den Nürnberger und Fürther Lohnkutschern. Die Nürnberger beschweren sich 1830 darüber, daß die Fürther Kutscher ihre Kutschen in der Ludwigstraße in Nürnberg parken lassen und daß dadurch die schöne, mit dem Namen S. Majestät des Königs gezierte Ludwigstraße in einen Fiakerstall umgewandelt würde. Umgekehrt müßten die Nürnberger Lohnkutscher in Fürth ihre Kutschen am Hallplatz bei der katholischen Kirche parken lassen, während ihre Fürther Kollegen günstiger weiter stadteinwärts die ihren aufstellen, nämlich am Königsplatz bei dem Gasthof zu den drei Königen. Tatsächlich erreichen die Nürnberger Kutscher mit ihrer Beschwerde, daß der Nürnberger Magistrat eine Anordnung erläßt, nach der die Fürther Kutscher, ohne anzuhalten, umkehren oder aber vor der Stadt in Gostenhof am Plärrer parken müssen. Darüber kommt es zu Streitigkeiten, die bis an den königlichen Hof in München gebracht werden. Man ringt durch Kampftarife miteinander und man erlebt aus diesem Anlaß den Ausbruch roher und bösartiger Leidenschaften." (Pfeiffer, S. 23 f)

Nachdem ich diese Geschichte der Fürther Straße gelesen hatte – und mir die Sache mit den gelockerten Zunftbestimmungen in den Nürnberger Vororten – so z. B. in Gostenhof – noch einmal angesehen habe – da leuchtete mir erst so richtig ein, warum das Ansehen von Gostenhof – wie auch von Fürth – bei den alteingesessenen Nürnberger Bürgern gleichermaßen schlecht war und zum Teil noch heute ist: die in etwa vergleichbaren Arbeits- und Lebensbedingungen begünstigten in Fürth wie in Gostenhof möglicherweise die Herausbildung einer ähnlichen Bevölkerungsstruktur.

Und hier wieder der passende "blöde Spruch" zum Kapitel:

> "Wos bassierdn, wenn a Färdder zehn Jåhr unfallfrei fährd?
>
> – dann gräichder a Närmbercher Nummernschild!"

Ein anderer böser Spruch – der vielleicht am ehesten zum letzten Abschnitt dieses Kapitels paßt, lautet so:

> "I koo ned nach Färdd – wall mei Imbfbaß abgloffm is!"

Nürnberg – und: Fürth in Bayern

Wie Nürnberg zwischen 1650 und 1800 zur Kleinstadt wurde

Über den Niedergang der Weltstadt fand ich bei Herbert Maas, "Nürnberg, Geschichte und Geschichten" einige bemerkenswerte Aussagen, die ich hier ein wenig zusammenfassen darf: Nürnbergs große Zeit war nach dem Dreißigjährigen Krieg vorbei.

Der Krieg hatte ungeheure Geldsummen verschlungen. Zum anderen hatten seit der Entdeckung Amerikas die englischen, holländischen und spanischen Städte eine günstigere Lage an den neuen Handelswegen nach Übersee als Nürnberg über Augsburg und Venedig.

Hinzu kam, daß die Nürnberger Unternehmer und Handwerker in ihrer Arbeitsweise dem Mittelalter verhaftet blieben. Dies waren die hauptsächlichen Gründe für den allmählichen wirtschaftlichen Niedergang Nürnbergs, wie wir im folgenden noch genauer betrachten werden.

Nach 1806: Nürnberg kommt nicht recht hoch…

Mit dem Übergang an Bayern 1806 und dem Verlust der reichsstädtischen Hoheit wird Nürnberg, die alte freie Reichsstadt mit stolzer Vergangenheit, auf das Gebiet innerhalb der Ringmauern beschränkt. Wie danach – in der bayerischen Epoche – die wirtschaftliche Entwicklung Nürnbergs aussieht, erfahren wir bei August Jegel:

"Als Nürnberg 1806 aufhört Reichsstadt zu sein, ist die Wirtschaftslage geradezu verzweifelt, da eine Schuldenlast von etwa 12,5 Millionen Gulden drückt und keine Aussicht besteht, sie aus eigener Kraft abzuwälzen. Deshalb erleiden die Gläubiger, meist Stadtbürger, große Verluste; denn der bayerische Staat ist naturgemäß weder gewillt noch in der Lage, diesen Betrag sofort voll zu übernehmen. Infolgedessen fehlt vielen Einwohnern lange das nötige Geld zu neuen Unternehmungen, zumal eine Kette von Schwierigkeiten während der nächsten Jahrzehnte den Wirtschaftskörper Nürnbergs fesselt. Die unaufhörlichen Kriege und in ihrem selbstverständlichen Gefolge Teuerung, ja Hungersnot bedrängen die zusammengeschmolzene Bevölkerung; denn leider fehlen alle Voraussetzungen, welche die frühere Blüte ausmachten: sie beruht nämlich auf leistungsfähigem Handwerk und ungestörtem Fernverkehr. Er ist jahrhundertelang Umschlaghandel und Vertrieb der Erzeugnisse eines vielgestaltigen Gewerbes. Dessen Mannigfaltigkeit ist seine Stärke und seine Schwäche. Die Schöpfungen der ziemlich genau abgegrenzten Gewerbe sind zwar allenthalben – nicht nur während der höchsten Entfaltung – bedeutend und angesehen. Zugleich aber schließt das peinliche, oft ängstlich-kleinliche Umreißen, was jede Innung herstellen darf, die Gefahr der Verknöcherung bedauerlicherweise, aber folgerichtig in sich. Vor allem droht die Möglichkeit, ja Wahrscheinlichkeit, daß jeder Fortschritt abgelehnt wird und man engherzig auf den Nachbarn schielt, ob er nicht seine Zuständigkeit überschreite. So wird mit leider unerbittlicher Zwangsläufigkeit das Nürnberger Gewerbe in den letzten Jahrzehnten der Reichsstadt immer weniger wettbewerbsfähig und verharrt in diesem Zustand auch in den ersten bayerischen Jahrzehnten…" (Jegel, S. 17)

Weiter können wir bei August Jegel erfahren, woran diese Erstarrung des Nürnberger Gewerbes in den selbstverordneten Gewerbezwängen im einzelnen gelegen hat:

"Der Gewerbebetrieb während der ersten Jahrzehnte [der bayerischen Epoche] bewegt sich meist in den Geleisen der letzten Reichsstadtzeit. An der Spitze eines Gewerbes steht vielfach ein Verleger, unter ihm selbständige Meister. Er besorgt die Vermittlung zwischen Besteller und Kaufmann, beschafft Material, nimmmt die Arbeit vom Lieferanten entgegen und gibt sie weiter. Wenn er ein tüchtiger, fleißiger Mann ist, geht alles gut. Doch fehlt den damaligen Verlegern vielfach die nötige gewerbliche und allgemeine Bildung. Er betrachtet die Erscheinungen der Zeit mit kurzsichtigen Augen. Auch wenn er eine Verbesserung einführen will, versagen die selbständigen Meister oft die Ausführung, weil sie ihnen unbequem ist. Von dem Augenblick an, als anderwärts Fabriken [gemeint sind hier vermutlich die Manufakturen nach frz. Vorbild] entstehen, in welchen die Arbeitsteilung unter den Augen und der Anleitung eines gebildeten, tüchtigen und strebsamen Mannes betrieben wird, ist die Niederlage des Gewerbestandes vollständig. Infolgedessen erfolgt weitere Verarmung… Erst in den 40er Jahren bahnt sich eine entschiedene Besserung an, vor allem ausgehend von den Maschinenfabriken Späths und Kletts. Gegen 1850 setzt eine stetige wirtschaftliche Erholung Nürnbergs ein." (Jegel, S. 23 f.)

Es war einmal: "Nürnberger Tand geht durch alle Land"

Im folgenden fasse ich einige Ausführungen von Michael Zuber in seiner Facharbeit "Die Revolution von 1848 in Nürnberg und ihre gesellschaftlichen Voraussetzungen", Nürnberg, 1989, zusammen – soweit wir sie für das Verständnis der Nürnberg-Fürther Zoff-Sammlung brauchen. Dazwischen Hinweise und Anmerkungen von Herbert Maas, "Nürnberg, Geschichte und Geschichten":

Im Laufe des Mittelalters hatte sich die Handwerkerstadt Nürnberg zum Mittelpunkt des europäischen Fernhandels entwickelt – der bekannte Spruch "Nürnberger Tand geht durch alle Land" erinnert noch heute daran. Bereits ab der Mitte des 17. Jahrhunderts jedoch zeichnete sich der wirtschaftliche Abstieg Nürnbergs ab. Der "Kleine Rat", der die politischen Geschäfte Nürnbergs besorgte, verstand es nicht, die Weichen für neue Wege zu stellen, die nach der Entdeckung Amerikas und des damit verbundenen Aufstiegs holländischer und englischer Seestädte hätten beschritten werden müssen.

"Interessant ist bei der ganzen Entwicklung, wie man sich gewissermaßen fünf Minuten vor zwölf Uhr in Nürnberg zu einem Schritt entschloß, der einige Jahrzehnte vorher vielleicht wirksamer gewesen wäre. Man änderte 1794 in einem 'Grundvertrag' die Verfassung von Nürnberg ab. Die eigentliche Entscheidungsgewalt stand, wie wir wissen, jahrhundertelang nur dem kleinen Rat zu, der von einem geringen Teil der Oberschicht, den Patrizierfamilien, getragen wurde. Nun, im Augenblick der höchsten Not, war man von seiten der Patrizier bereit, die Verantwortung mit den Handwerkern und anderen Familien zu teilen. Aber das kam viel zu spät. Als nämlich der Große Rat Dinge entscheiden sollte, von denen er keine Ahnung und zu denen er keine 'Vorübung' hatte, entstand erst recht ein großes Durcheinander. Sehr bald war überhaupt keine finanzielle und auch keine politische Macht mehr vorhanden, die man hätte ausüben können." (Maas I, S. 185)

Die zentrale Leitung der städtischen Geschäfte durch den Rat konnte natürlich nur so lange funktionieren, wie die Herren vom Rat persönlich am wirtschaftlichen Erfolg interessiert waren. Eben dieses Interesse schwand jedoch seit dem 17. Jahrhundert zusehends, je stärker sich das Patriziat auf seine Landgüter vor den Toren der Stadt zurückzog. In den letzten Jahrzehnten des 18. Jahrhunderts schließlich erwiesen sich Unlust und Unvermögen der Patrizier, die ja die Mehrheit im Rat bildeten, für Nürnberg als verhängnisvoll: der Fernhandel, den gerade die Patrizierfamilien jahrhundertelang effektiv und schwungvoll vorangetrieben hatten, lag nunmehr fast völlig darnieder. Ein übriges taten die vielen Zollschranken, unterschiedliche Maßeinheiten – und die von Napoleon verhängte Kontinentalsperre, die letzten überseeischen Handelsverbindungen des ehemaligen Verkehrs- und Handelsknotens Nürnberg zu zerstören.

Wettbewerbsverlust durch erzkonservative Nürnberger Innungsmeister

Wir erinnern uns hier kurz an das oben Gesagte: Die Blüte Nürnbergs hatte in der Vergangenheit auf einem ungestörten Fernhandel und leistungsfähigen Handwerk beruht. Ersterer war nun nicht mehr gegeben – und mit dem leistungsfähigen Handwerk war es dann schließlich auch nicht mehr weit her.

Der Verlust der Wettbewerbsfähigkeit der produzierten Güter erklärte sich hauptsächlich aus der Rückständigkeit der hiesigen Handwerker, nicht nur auf produktionstechnischem Gebiet, sondern auch, was den Geschmack der Kunden betraf. Man verpaßte es, sich auf neue Modeerscheinungen frühzeitig einzustellen – stattdessen hielt man an den strengen Regeln fest, die man sich selber gesetzt hatte: die Innungsmeister, gewissermaßen die Vorsitzenden der einzelnen Handwerkszweige, zeigten sich unglaublich konservativ. So war es den Handwerkern noch bis 1818 – bei Androhung des Konzessionsverlusts – verboten, andere Produkte herzustellen als die von der Innungsversammlung festgelegten, gleichgültig, ob man sie verkaufen konnte oder nicht.

Pioniergeist und Erfindungskunst waren lt. Herbert Maas zu dieser Zeit unnötig und unerwünscht – als Beispiel sei der Schreiner Friedrich Staedtler genannt, der um 1662 ein holzummanteltes Bleiweiß-Schreibgerät erfunden hatte: er wurde vor die Handwerker-Aufsichtsbehörde, das sog. Rugamt, geladen, wo man ihm die Bleistiftherstellung sogleich verbot, weil er Schreiner und nicht Bleiweißmacher sei. So gab es noch viele andere kleinkarierte und fortschrittsfeindliche Verbote des Rats gegenüber Handwerkern: dem Fingerhuter war es bei zehn Gulden Strafe verboten, für seine Tätigkeit ein Tretrad zu benutzen, der Nadler, der das Löten erfunden hatte, durfte es nicht anwenden …

Dabei war sich die Handwerkerschaft, wie Michael Zuber schreibt, ihrer Lethargie kaum bewußt – selbst Handwerksgesellen, die niemals zum Meister aufsteigen konnten, entwickelten aus ihrer Selbstzufriedenheit heraus einen Standesdünkel, der sie für die Gefahren der wirtschaftlichen Erstarrung Nürnbergs blind machte. Man ruhte sich lieber auf den geernteten Lorbeeren der Reichsstadtzeit aus, während draußen vor den Toren bereits wagemutige frühere Kollegen die Industrialisierung – endlich(!) – vorantrieben. Die große Mehrheit der Handwerker blieb also passiv.

Scharrer und Späth erkannten den Bildungsnotstand als Grundübel

Die nicht-patrizischen Kaufleute Nürnbergs, wie der spätere Bürgermeister Binder, Johannes Scharrer und Wilhelm Späth, hatten sich als erste Gedanken über eine flexiblere Produktionsweise in arbeitsteilig organisierten Betrieben gemacht und drangen auf die Errichtung einer Polytechnischen Schule, weil sie den provinziellen Bildungsnotstand der Nürnberger Handwerker als Grundübel beim Niedergang der Stadt erkannt hatten. Sie kamen mit ihren neumodischen Gedanken jedoch zunächst nicht durch. Im Gegenteil, es wurde nun auch die Nürnberger Landesuniversität Altdorf im September 1809 aus Finanznot geschlossen – als die junge Universität Erlangen ihr bereits den Rang abgelaufen hatte. Erst 1820–22 konnten OB Binder und Johannes Scharrer von München die Zusage für die Einrichtung einer Polytechnischen Schule in Nürnberg erreichen.

Wiederaufschwung Nürnbergs begann erst gegen 1850

Der 1834 gegründete allgemeine deutsche Zollverein beseitigte zunächst die wichtigsten Handelshemmnisse in Form von innerdeutschen Zollschranken – und so hatte auch Nürnberg wieder Zutritt zum gesamtdeutschen Markt.

In die Zeit zwischen 1834 und 1848 fallen die wesentlichsten Firmengründungen in Nürnberg, die ihre Bedeutung bis heute haben: Etwa die Eisengießerei und Maschinenfabrik Johann Friedrich Kletts 1842 – die Anfänge der MAN – oder 1838 Johannes Zeltners Nürnberger Ultramarinfabrik, die zur größten ihrer Art in Europa wurde. Auffällig an diesen Firmengründungen ist, daß sie fast immer von ”wagemutigen Handwerkern“ ausgingen und nicht – wie andernorts – durch ”Finanzierung“ entstanden.(Zuber)

Dafür blühte Fürth nach 1806 kräftig auf

Die Situation in Fürth darf ich aus den mir zugänglichen Quellen so zusammenfassen: Die 1000jährige Geschichte Fürths beschränkte sich bis zu Beginn des 19.Jahrhunderts auf die einer Marktgemeinde. Fürth, älter als Nürnberg, war im Laufe der Geschichte in den Schatten der aufblühenden Reichsstadt Nürnberg geraten. Nach 1806 nahm Fürth jedoch eine rasche wirtschaftliche Aufwärtsentwicklung, weil man in Fürth eben nicht ganz so engstirnig war und die Handwerker sich freier und kreativer entfalten konnten als in Nürnberg – und außerdem besaßen sie eben dieses "industrielle Ferment" der starken israelitischen Gemeinde, das für zusätzlichen Schwung in Handel und Wandel sorgte.

So kam es mit der Zeit zu einem gewissen Wirtschaftsneid zwischen beiden Städten: Nürnberg kam – wie schon oben erwähnt – nicht so recht hoch als bayerische Stadt mit altem Zunftrecht. Fürth dagegen entwickelte sich bereits seit 1792 unter den Preußen kontinuierlich – mit seiner aufblühenden, nicht durch enge Gewerbezwänge gehemmten Industrie (Gold- und Messingschlägerei/Möbel/Glas/Spiegel/Spielwaren) und machte in der Folgezeit Nürnberg schwere Konkurrenz: In der zweiten Hälfte des 19. Jahrhunderts war Fürth dann zum Zentrum der bayerischen Spiegelglas- und Möbelindustrie aufgestiegen.

Im Laufe des 19. Jahrhunderts hat sich die Fürther Wirtschaft (und in ihr das Handwerk) aufs glücklichste erholt. Nicht umsonst berichtet der Anreger der Ludwigs-Eisenbahn, Johannes Scharrer 1836: ..."Fast kein Schiff segelt aus dem europäischen Kontinent, ohne seine Ladung mit Nürnberger und Fürther Spiegeln, Klaviersaiten, leonischen Waren, Bleistiften, Holz- und Spielwaren usw. zu vervollständigen..." (Schwammberger I/Mauersberg, S. 186)

"Im 19. Jahrhundert also befreit sich die Stadt aus ihrer Lebensenge. Sie wird selbstbewußt. Wenn ein Fürther im 18. Jahrhundert sagte: ‚Ich gehe in die Stadt', so meinte er Nürnberg. Im 19. Jahrhundert wird die Stadt Fürth zu seiner Stadt." (Schwammberger I/Mauersberg, S. 182)

Der im 19. Jahrhundert aufkommende Neid zwischen den beiden Städten war also sicherlich auch nicht gerade dazu angetan, das bisher schon so angepannte Verhältnis zwischen Nürnberger und Fürther Bürgern zu entkrampfen.

Aus dieser Zeit stammt wohl auch der Spruch:

> "Schwåbach, Färdd und Erlang – machng Närmberch angsd und bang."

Goonsberch

... wenngleich Fürth natürlich keine einzige Burg hat.

"Die Architektur der Stadt ist geprägt von einer Ensemble-Wirkung. Außer der mittelalterlichen Michaelskirche gibt es vor dem 19. Jahrhundert keinen überragenden Einzelbau, sei er sakral oder profan, der das Stadtbild dominierte. Auch dies eine wohltuende Folge der dreigeteilten Herrschaft. Der Bamberger Domprobst, der Markgraf von Ansbach und die Nürnberger Patrizier ließen es nicht zu, daß sich einer baulich profilierte und über den anderen stellte. Keine Zentralgewalt konnte dem Gemeinwesen architektonisch ihren Stempel aufdrücken.

Da Fürth kein Stadtrecht besaß, brauchte es auch keine Stadtbefestigung, keinen Mauerring, der sich vor den Blick und um die Köpfe der Bürger legte. Es wehte der freie Wind der Pegnitz- und Rednitzwiesen durch den Marktflecken, mit wirtschaftlichen Folgen: kein Zunftzwang schränkte die Handwerker ein. Wenn ein Schreiner hier Ärger hatte mit der Brandenburger Zunftordnung, dann trat er zu der des Bambergers über. Viele Nürnberger Handwerker, die dem einschnürenden Zunftwesen ihrer Stadt entrinnen wollten, ließen sich im wirtschaftsliberalen Fürth nieder und wurden schnell wohlhabend hier...

Wer nicht tagtäglich den Kopf zu himmelanstrebenden Kathedralen oder Palästen emporrecken muß, die ihn mit Kleinheit schlagen, ... sondern wer geraden Blicks, die Füße fest auf dem Boden, bei sich bleiben darf, der ist eher zu einem Nebeneinander von Gleich zu Gleich gesonnen, auch in seinem Verhalten einem Nächsten gegenüber: Hier sagt es sich leichter "Du" als an Bischofssitzen, in Fürstenresidenzen oder in Patrizierstädten ..." (Zeller, S. 17 ff.)

Hierzu paßt vielleicht einer der wenigen blöden Fürther Volkssprüche, die ich gehört habe:

> "Wos wollndn di Nämbercher ieberhabbds? – wenn di Färdder neddersu lang af aan Haufm gschissn häddn – nou häddn di Nämbercher heid nu ka Burch!"

"Geschwisterpathologie"

Von all den vielen Einschätzungen des krampfhaft angespannten Verhältnisses der beiden Städte zueinander sagt mir die von Michael Zeller, "Mein Traum vom Dulden", am ehesten zu:

"Als Außenstehender diagnostiziere ich an dem Verhältnis zwischen Fürth und Nürnberg eine beidseitige Geschwisterpathologie, präziser noch: eine Zwillingsneurose. Sie sind einander zum Verzweifeln ähnlich, die beiden, doch jeder von ihnen will mal der ältere, mal der schönere, mal der bessere sein, wobei sie – und das erschwert den Fall – auch über den Maßstab völlig zerstritten sind. Da nagt, tief in der Seele, ein Gefühl von Eifersucht, von Zurückgesetztsein, da wuchert ein lähmender Verdacht – und keine Eltern weit und breit, die Frieden stiften könnten mit dem Wort: Aber wir lieben euch doch beide! Und dabei sind ja Eltern da, aber das sind Stiefeltern, ungeliebt von beiden: die hoheitliche Verwaltungsbürokratie in München. Nur wer die Franken ein bißchen kennengelernt hat, weiß, wieviel selbstverleugnende Überwindung dazugehört, wenn Fürth sich, mit zähneknirschendem Trotz, "Fürth in Bayern" nennt. Nur um Abstand von Nürnberg zu halten, nimmt man das ungeliebte Bayern in seinen Namen auf – die Bayern haben wenigstens, im Gegensatz zu Nürnberg, den Vorzug, daß sie weit vom Schuß sind... Selbst der eingefleischteste Fürther wird nicht bestreiten wollen, daß Nürnberg die größere, reichere, historisch bedeutendere Stadt ist. Damit könnte man, denke ich, doch eigentlich leben, ohne Einbuße an Selbstgefühl. Fragt aber Eifersucht jemals nach Gründen?" (S. 69 f.)

Mit dem baulichen Charakter und dem äußerlichen Erscheinungsbild Fürths stimme ich – Stössel – als ein in Fürth Aufgewachsener – sofort überein mit dem Resümee eines hier geborenen und aufgewachsenen Philosophen:

"Ich konstatiere, daß die Stadt Fürth eigentlich nicht besonders großartig aussieht und daß sie auch nicht besonders lieblich oder romantisch erscheint. Michelangeleske Erhabenheit scheint auch den Fürthern nicht eben naheliegen, so wenig wie raffaelische Schönheit... Ich sage, daß mir Fürth in seiner schlichten bürgerlichen Einfachheit immer gerade recht gewesen ist..." (Hermann Glockner im "Amtsblatt der Stadt Fürth" vom 12.11.1971, S. 283)

Die sogenannten "Nürnberger Unterthanen"

Unter den "Nürnberger Unterthanen" – das möchte ich an dieser Stelle nachreichen, weil der Begriff oben schon aufgetaucht ist – waren die an Nürnberger Gutsbesitzer zinspflichtigen Einwohner von Fürth zu verstehen. Bereits im Jahre 1532 hatte Nürnberg 29 Bauernhöfe in Fürth – zur damaligen Zeit ein ganz beträchtlicher Gebietsanteil des Marktfleckens Fürth.

Von den vielen dummen Sprüchen, die ich im Verlaufe meiner Recherchen zum "liebevollen Verhältnis zwischen Nürnberg und Fürth" zu hören bekommen habe, ist dieser wohl der blödeste:

> "Fräiher hod a Närmbercher, der wou wos af sich ghaldn håd – in Färdd mindesdns aan Debbm ghabbd!"

Ein trübes Kapitel: Fürth und die Staatsbahnen

Bei Herbert Schnittger, der im Rahmen seiner Doktorarbeit die Eingemeindungsverhandlungen zwischen Nürnberg und Fürth untersucht hat, finden sich u. a. Hinweise für die lieblose Behandlung Fürths, was seine Anbindung an die Schienenverkehrswege betrifft: "2 Jahrzehnte nach Eröffnung der Ludwigseisenbahn [1835] wurde auch Fürth in das Netz der Staatsbahnen mit einbezogen. Die Nachbarschaft Nürnbergs brachte es jedoch mit sich, daß das bayerische Verkehrsministerium immer wieder Fürth in seinen Interessen zurücksetzte. Auch an den Verhandlungen über das Anhalten der D-Züge in Fürth läßt sich die Entwicklung des Verhältnisses zwischen Nürnberg und Fürth wie an einem Thermometer ablesen." (Schnittger, S. 115)

Crailsheimer Bahnlinie: Fürth wurde regelrecht beschissen

"So wurde zum Beispiel von der Staatsregierung seinerzeit anerkannt, daß Fürth mit Recht den Anschluß an die Bahnlinie Crailsheim-Ansbach-Nürnberg verlange, ja sie bekundete sogar ein staatliches Interesse dafür. Aber als die Entscheidung gefallen war, führte die Linie über Stein bei Nürnberg, nicht aber über Fürth." (Schnittger, S. 116)

In der "Chronik der Stadt Fürth" liest sich das dann so:

"Am 9. November 1872 wurde eine gemeinschaftliche Sitzung des Magistrats, der Gemeindebevollmächtigten und des Handelsgremiums abgehalten, worin Bürgermeister John die traurige Nachricht brachte, daß alle Anstrengungen des Lokaleisenbahnkomitees bezüglich der Richtung der Crailsheimer Bahn über Fürth vergeblich gewesen seien... Ein tiefer Unmuth ergriff bei dieser Hiobsbotschaft die Versammlung – ein Unmuth, der auch heutzutage bei den Einwohnern Fürths noch nicht erloschen ist." (Fronmüller, S. 409 f)

Süd-Nord-Bahn: Fürth hatte erneut das Nachsehen

So mußte Fürth auch lange Jahre darüber verhandeln, daß die sogenannte "Süd-Nord-Bahn" über Fürth ging. Zuerst einmal ging sie an Fürth vorbei. Diese "Ludwig-Süd-Nord-Bahn" von Lindau über München, Nürnberg nach Bamberg und Hof wurde geplant, als sich die hohe Rentabilität der Ludwigseisenbahn erwiesen hatte.

"Zunächst hatte man an eine Linienführung Nürnberg (Neutor) – Poppenreuth – Kanal – Erlangen – Bamberg gedacht; dann aber zog man die Gleise vom Nürnberger Frauentor nach Doos und wandte sich an der Fürther Kreuzung [bei Muggenhof] dem Kanal entlang nach Norden. Dem Wunsch der Fürther, den Weg der Süd-Nord-Bahn über die Stadt nach Erlangen zu führen, standen nürnbergische Interessen entgegen." (Schwammberger II, S. 108)

Also das ist es mir nun doch wert, die Konsequenzen dieser Streckenführung für die Fürther anhand von A. Schwammberger hier zusammenzufassen: Man muß sich einmal vorstellen, was den Fürther Kaufleuten und Reisenden damit zugemutet wurde: Durch die allzufrühe Nordschwenkung der Nord-Süd-Bahn mußten Personen und Güter von Fürth aus erst mit der Ludwigsbahn bis zur "Fürther Kreuzung" bei Muggenhof anreisen, um dann nach Erlangen umsteigen zu können. Die Kosten für einen Warentransport von Fürth über die Fürther Kreuzung nach Erlangen lagen damit natürlich deutlich höher als die für einen Transport von Nürnberg nach Erlangen. Eine Flut von Protesten, die seit 1844 anhielt, führte schließlich dazu, daß 1848 wenigstens eine Haltestelle in Poppenreuth eingerichtet wurde, wodurch vielen die Fahrt mit der Ludwigsbahn erspart blieb. Da ließ man sich lieber mit der Kutsche nach Poppenreuth bringen.

Erst als 1863 die "Siebenbogenbrücke" über die Rednitz fertiggestellt war, und ab 1865 die Linie Nürnberg-Würzburg über diese Brücke führte, erhielten die Fürther endlich ihren Anteil an der Linie Nürnberg-Bamberg: die neue Linienführung Fürth-Vach-Gründlach wurde am 1. 8. 1876 eröffnet. Damit hatte die berühmte "Fürther Kreuzung" ihre Rolle ausgespielt.

"Man kann von der Fürther Kreuzung aus den Eisenbahnweg von 1844 verfolgen: zur Dooser Brücke, nach Poppenreuth und Ronhof; am Ronhofer Saatweg entlang ist noch heute der Bahngelände-Einschnitt deutlich zu erkennen ... auch ist an der Straße von Ronhof nach Kronach deutlich zu erkennen, wo die Bahn dahinzog... Bei Kleingründlach gehen die alte und die neue Eisenbahnlinie ineinander über." (Schwammberger II, S. 109)

Da ich selber in dieser Gegend aufgewachsen bin, nämlich zwischen Poppenreuth und Ronhof, genauer: in der Alten Reutstraße, kenne ich, zumindest in Abschnitten, den Verlauf dieser alten Eisenbahnlinie: Unser beliebtester Spielplatz war ein Abschnitt dieser talartigen Bahnabsenkung – etwa in 300 m Entfernung parallel zum alten Kanal (Für meine alten Freunde aus Kinderzeit: beim Helmreich hindn – im Heiders-Tål).

Eisenbahndenkmal und Centaurenbrunnen:

Zwei typische Beispiele für ewige Rivalität

Der Centaurenbrunnen am Fürther Bahnhofsplatz und das Ludwigsbahn-Denkmal an der Stadtgrenze sind in der Nürnberg-Fürther Zoff-Sammlung die nächsten Belege für die ewigen Streitereien zwischen den Nachbarstädten – dies erfahren wir aus Zeitungsberichten in den Fürther Nachrichten vom 23. Juni und vom 11. Juli 1981.

Diesen zufolge erhielt Fürth 1878 aus dem Testament des Privatiers Josef Pfeifer Morgenstern 6000 Mark – und ein Jahr später ebenfalls 6000 Mark von Dr. Wilhelm Königswarter, Fürther Ehrenbürger und neben Alfred Nathan Mäzen zahlreicher Stiftungen – "für die Errichtung eines monumentalen Brunnens auf einem öffentlichen Platze". Bürgermeister Friedrich Langhans sandte daraufhin ein Gesuch auf einen staatlichen Zuschuß nach München – und damit begann – wieder einmal – der Ärger mit den Nürnbergern. Fürth erhielt nämlich keinen Zuschuß von München – mit der Begründung, man habe bereits Nürnberg 30 000 Mark für ein Eisenbahn-Monument zugesagt. Dort wollte man nämlich zum 50. Jubiläum der Ludwigs-Eisenbahn ein Denkmal errichten – und nach der Zusage für den Zuschuß aus München legte man prompt und vorsorglich am Plärrer einen symbolischen Grundstein für das 1890 zu errichtende Denkmal. Sodann wurde ein Kunstbrunnen-Wettbewerb ausgeschrieben, aus dem als beste künstlerische Leistung der Centaur des Bildhauers Rudolf Maison gewürdigt wurde. Weil der Entwurf jedoch etwas zu weit von der Vorstellung des Auftraggebers lag, wurde der erste Preis an das Monument des Nürnberger Bildhauers Prof. Heinrich Schwabe vergeben.

Der Centaur und der ihn besiegende Herakles – ein Sinnbild für die Überlegenheit des Menschen über die Natur – wurde am 31. 8. 1890 auf dem Bahnhofsplatz in Fürth unter Anteilnahme von 10 000 Fürther Bürgern feierlich eingeweiht. Langhans hatte doch noch einen Zuschuß aus München erhalten – aber die Münchner Prominenz war der Enthüllungsfeier ferngeblieben.

Das Nürnberger Eisenbahn-Denkmal von Prof. Schwabe, das sinnbildlich die Noris und die Furthia, den Genius mit dem Flügelrad und die zwei Reliefs über den alten und den neuen Verkehr zwischen Nürnberg und Fürth darstellte, wurde am 16. 10. 1890 am Plärrer feierlich enthüllt – im Beisein der Münchner Prominenz.

1927 mußte das Monument weichen, als die Straßenbahngeleise am Plärrer verlegt wurden.

Man wollte es dann genau auf die Stadtgrenze stellen, doch das paßte wieder den Fürther Baubehörden nicht – und man stritt sich halt wieder einmal herum, bis das Denkmal 1930 seinen neuen Standplatz zwar an der Stadtgrenze, aber auf Nürnberger Boden, fand – ohne große Feier – und ohne Fürther Beteiligung, da man die Fürther erst gar nicht eingeladen hatte.

An dieser Stelle möchte ich wiederum einen passenden Spruch zum besten geben, den die Nürnberger ihren Fürther Nachbarn zugedacht haben:

"Mid an Färdder delefonier i neddermål!"

Als 1981 die U-Bahn-Hochbrücke gebaut und die Zufahrten zum Frankenschnellweg neu gestaltet wurden, war das Denkmal wieder im Weg. Wieder gab es Streit zwischen Nürnberg und Fürth. Auch fehlte nicht der Hinweis von Nürnberger Seite, daß es sich in Fürth vor dem Bahnhof gut machen würde, da Fürth doch stets die Aktienmehrheit an der Ludwigsbahn besessen habe...

Die Fürther ließen daraufhin wissen, daß sie "su a alts Graffl ned hoom wolln".

Schließlich wurde das Monument lediglich um ein paar hundert Meter versetzt – seitdem steht es weitgehend unbeachtet neben der Zufahrt zum Frankenschnellweg – und allenfalls von der U-Bahn aus gut zu sehen. Kaum einer verirrt sich dorthin, um dieses Zeugnis vergangener Eisenbahn-Herrlichkeit zu besichtigen.

150-Jahrfeier der Ludwigsbahn: Das Hick-Hack geht weiter...

Wie den Fürther Nachrichten vom 1. November 1984 zu entnehmen ist, gab auch das 150-Jahr-Jubiläum der Ludwigsbahn Anlaß zu Verstimmungen zwischen den Nachbarstädten: Da die Bundesbahn ihre Aktivitäten dazu überwiegend nach Nürnberg verlagerte, beging man in Fürth das Jubiläum solo. Und Nürnberg sieht in diesem Zusammenhang nurmehr den Ausgangspunkt des "Adler" – und läßt in seiner Werbung darüber den Zielbahnhof Fürth ohne jede Erwähnung.

Ein übriges tat die DB selbst dazu, indem sie eine neue Lok auf den Namen "Nürnberg" taufte. Werbeslogan DB: "Dort feiern, wo alles begann – in Nürnberg".

Damit werde übersehen – so resümieren die "Fürther Nachrichten" – daß Initiative und Engagement zur Durchsetzung der Ludwigsbahn in erster Linie von Fürth und Fürther Bürgern ausgingen.

Die Nürnberg-Fürther Straßenbahn

Natürlich gab auch die Geschichte der Nürnberg-Fürther Straßenbahn den einen oder anderen Grund zum Streit zwischen den beiden Städten her.

1881 hatte der Bremer Kaufmann Alfes zwischen Nürnberg und Fürth eine Pferdebahn in Betrieb genommen, die jedoch schon 1882 an die Nürnberg-Fürther Straßenbahngesellschaft verkauft wurde. Nachdem diese Bahn 1896 elektrifiziert war, machte sie mit der Zeit der Ludwigseisenbahn Konkurrenz und brachte diese schließlich in eine mißliche finanzielle Lage. Die Ludwigsbahn rentierte sich nicht mehr, nachdem sich Nürnberg wesentlich vergrößert und die Straßenbahn die Außenbezirke der Stadt erschlossen hatte.

"1903 veräußerte die Nürnberg-Fürther Straßenbahngesellschaft ihr Unternehmen an die Stadt Nürnberg. Kurz vor dem Ankauf des Straßenbahnunternehmens durch die Stadtgemeinde Nürnberg kam es zu einem bedeutungsvollen Rechtsstreit zwischen der Stadt Fürth und der Straßenbahngesellschaft. Der... zwischen der Stadt Fürth und der Gesellschaft geschlossene Vertrag hatte folgenden Wortlaut: 'Auf der Strecke Plärrer bis zur Schwabacherstraße Fürth ist stets mindestens die gleiche Intensität des Verkehrs wie auf der Strecke Plärrer-Lorenzkirche-Staatsbahnhof durchzuführen.' Die Straßenbahngesellschaft ließ aber auf der Strecke Plärrer-Lorenzkirche-Staatsbahnhof zuletzt doppelt so viele Wagen laufen wie auf der Strecke Plärrer-Fürth... Im Frühjahr 1902 klagte dann die Stadtgemeinde Fürth gegen die Straßenbahngesellschaft auf Erfüllung des Vertrages... Aus diesem Beispiel erhellt, wie erbittert die beiden Städte ihre gegensätzlichen Interessen vertraten." (Schnittger, S. 121 f)

Der Straßenbahnvertrag war auch nach diesem unseligen Prozeß noch oft genug Grund für Nürnberg-Fürther Streitigkeiten, die in der Nürnberger Drohung der Sperrung des elektrischen Stroms für den Betrieb der Straßenbahn in Fürth gipfelten. Klar, daß die Fürther daraufhin ihrerseits damit drohten, den Straßenbahnbetrieb in Fürth künftig selbst zu übernehmen...

Freundliche Sprüche gibt es zu diesem Thema im Volksmund noch heute:

"Wer niggs is – und wer niggs koo – der gäihd zur
Färdder Schdrasserboh!"

Die Nürnberg-Fürther Flughäfen: Heute hier, morgen dort…

1920: Militärflughafen Atzenhof wird internationaler Airport

Auch die Geschichte der Nürnberg-Fürther Luftfahrt gibt einiges für unsere Zoff-Sammlung her. Wer denkt heute noch daran – und wer weiß es überhaupt, daß im Bereich Nürnberg-Fürth heutzutage bereits der vierte Verkehrsflughafen in Betrieb ist, dem die Flughäfen Fürth-Atzenhof (1920–33) und Nürnberg-Marienberg (1933–40) sowie der Industrieflughafen Fürth (1950–55) vorausgegangen sind?

Hier also eine kleine Abfolge der wichtigsten Stationen in der Entwicklung des Nürnberg-Fürther Luftverkehrs seit 1920 – zunächst von Georg Gärtner in den "Fürther Nachrichten" vom 10.2.1981 – unter der Überschrift: "Der kurze Traum vom internationalen Flughafen"…"Unsre Zukunft liegt in der Luft" – So stand es … anfangs 1921 in den Fürther Zeitungen zu lesen, kurz nachdem der Flughafen Atzenhof in den planmäßigen deutschen Flugverkehr einbezogen und in die Liste der internationalen Airports aufgenommen worden war. Fürth wurde erstmals regelmäßig von dreisitzigen Rumpler-Doppeldeckern angeflogen. Die Flugzeuge verkehrten auf der Linie Augsburg – München – Fürth – Leipzig – Berlin und umgekehrt und es gab Wagemutige genug, die mit den Propeller-Mühlen in die Luft gingen, obwohl dieselben noch offen waren und der Flugwind den Passagieren um die Nase wehte…

Der Flugplatz in Atzenhof war zunächst Militärflughafen. Er war in den Kriegsjahren 1916/17 von der Reichsregierung allein für militärische Zwecke angelegt worden. Damals spielte die Fliegerei in der Kriegsführung eine zunehmend größere Rolle. In Fürth sollten Fliegertruppen ausgebildet werden. Viel wurde nicht daraus, und als der Krieg 1918 zu Ende war, geriet der Flugplatz zunächst in Vergessenheit. Doch bereits 1919 wurden mit Genehmigung der Siegermächte von hier aus erste zivile Flüge durchgeführt. Man bediente sich dabei notdürftig umgebauter Kriegsflugzeuge.

Dann ging alles sehr schnell: 1920 stellte die Reichsregierung den Antrag, Fürth in die Liste der internationalen Flugplätze aufzunehmen, im gleichen Jahr wurde in Atzenhof noch eine Flugüberwachung eingerichtet und 1921 wurde der erste regelmäßige und planmäßige Luftverkehr aufgenommen, verbunden mit der Installierung der ersten Flugwetterwarte Deutschlands.

Für die Stadt Fürth waren das damals großartige und hoffnungsvolle Ereignisse... Der Flughafen Fürth gewann zusehends an Bedeutung, er wurde noch 1921 Station für die französische Luftlinie Paris – Straßburg – Prag – Warschau. Die schweizerische Luftverkehrsgesellschaft 'Ad Astra' richtete die Linie Fürth – Konstanz – Zürich – Genf und zurück ein. 1922 kam eine Luftverbindung Fürth – Stuttgart hinzu.

Inzwischen hatten die Junkers-Flugzeugwerke den Flugplatz von der Stadt gepachtet, einen Teil ihrer Verwaltung dort untergebracht und eine Reparaturwerkstätte eingerichtet. Aus ganz Deutschland kamen die Junkers-Flugzeuge nach Atzenhof zur Durchsicht und zur Reparatur...

1926 ist wieder ein wichtiges Jahr für Fürth. Der 'Junkers Luftverkehr' und der 'Deutsche Aero Lloyd' vereinigen sich zur 'Deutschen Lufthansa', Vorgängerin der heutigen deutschen Fluggesellschaft. Daneben wird eine Nordbayerische Verkehrsflug-GmbH gegründet, die den Zubringerdienst zu den internationalen Fluglinien ausbauen soll. Ab Juli 1926 gibt es einen solchen Zubringerdienst bereits mit der Linie Fürth – Bamberg – Coburg – Saalfeld – Weimar – Halle – Leipzig – Hof – Bayreuth – Fürth.

Der erste Nürnberger Flughafen am Marienberg

Die Zukunft für den Fürther Flughafen sah rosig aus, bis im Jahr 1927 der Nürnberger Stadtrat beschloß, einen neuen Flughafen am Marienberg zu bauen, dort wo heute der Volkspark liegt. Damit war der ‚Niedergang von Atzenhof' vorherbestimmt.

An dieser Stelle möchte ich den Leser vorweg darauf hinweisen, daß 1921 in Fürth bereits die Agitation des Vereins "Treu-Fürth" gegen die geplante Eingemeindung Fürths nach Nürnberg auf vollen Touren lief! Die berühmte Volksabstimmung darüber sollte ja 1922 stattfinden – Ausführliches über dieses Thema im nächsten Kapitel. In diesem Zusammenhang wird den Fürthern ihr "internationaler Flughafen Atzenhof" – so vermute ich jetzt einmal – mächtig Selbstvertrauen gegenüber Nürnberg verliehen haben. Immerhin trugen die Fürther zwei Drittel der Unterhaltskosten – und Nürnberg nur ein Drittel – und daher hieß Atzenhof natürlich "Flughafen Fürth-Nürnberg". Wegen dieser Bezeichnung gerieten sich Nürnberger und Fürther immer wieder mit lokalpatriotischem Ingrimm in die Haare!

Wie Heinz. H. Starke in den "Nürnberger Forschungen, Bd. 17, 1972, unter dem Titel "Der Nürnberger Flugverkehr" u. a. schreibt, zeigte die Flugüberwachung Nord, daß der Flughafen Fürth-Nürnberg 1925 unter den 47 deutschen Flugplätzen bezüglich der Passagierzahlen die zehnte, nach der Zahl der Flugbewegungen die elfte Stelle einnahm.

"Trotz dieses beachtlichen Fortschritts begannen die beiden Pächter des Flughafens Atzenhof, sich um seine Zukunft ernste Sorgen zu machen, wenn auch nicht aus den gleichen Gründen: der Fürther Stadtrat sah erhebliche Ausgaben auf sich zukommen, denn die Landesbehörden hielten eine Instandsetzung und Erweiterung der Hochbauten für ebenso dringlich wie die Verbesserung und Ergänzung der technischen Einrichtungen, so daß mit der Aufbringung einer halben Million RM gerechnet werden mußte, von denen anteilmäßig 2/3 auf Fürth entfielen. Die Stadt Nürnberg dagegen sah sich vor die Frage gestellt, ob es vertretbar wäre, für diesen Flughafen, dessen Lage den eigenen Interessen wenig entsprach (Entfernung Hauptbahnhof-Flughafen 12 km, Anfahrt fast zur Gänze durch verkehrsreiche Straßen), noch größere Opfer zu bringen ..." (Starke, S. 210)

So erwarb die Stadt Nürnberg 1928 zunächst einmal die gesamte Verfügungsgewalt über den Flughafen und taufte ihn am 1. Oktober in "Flughafen Nürnberg-Fürth" um – und dann begann der Abbau in Atzenhof – und gleichzeitig der Bau des ersten Nürnberger Flughafens auf dem Gelände zwischen Marienberg und Großreuth hinter der Veste, dem heutigen südlichen Teil des Volksparks Marienberg. Immerhin war im Sommer 1930 das Rollfeld soweit ausgebaut, daß man starten und landen konnte. Am 10. Mai 1931 kam sogar das Luftschiff "Graf Zeppelin" zu einer Zwischenlandung nach Nürnberg. Die Errichtung der Hochbauten und Betriebsanlagen konnte jedoch aus finanziellen Gründen erst 1933 in Angriff genommen werden, so daß der Flughafen Marienberg erst am 20. August 1933 mit einem großen Flugtag eingeweiht werden konnte.

Der Flugbetrieb wurde nun von Fürth-Atzenhof nach Nürnberg verlagert – und damit war für Nürnberg eine seit langem schmerzende Wunde geschlossen. Ab diesem Datum hieß der Platz "Flughafen

Nürnberg" – Fürth hatte in der neuen Bezeichnung nichts mehr zu suchen.

"Sehr bald stellte sich heraus, daß die Stadtnähe (3,7 km vom Hauptbahnhof) und die neuzeitlichen Anlagen nicht nur die Abwicklung des Luftverkehrs wesentlich erleichterten, sondern den Flughafen auch zu einem zugkräftigen Anziehungspunkt für die Bevölkerung machten." (Starke, S. 219)

Für Fürth war der Traum vom internationalen Flughafen 1933 einstweilen ausgeträumt – obwohl nach dem zweiten Weltkrieg der "Fürther Industrieflughafen" auf der Hard noch einmal kurzzeitig eine Rolle im europäischen Flugverkehr spielen sollte...

"Im August 1943 wurden die Verkehrsanlagen [des Flughafens am Marienberg] durch Bombenangriffe total zerstört. Nach Kriegsende bot sich das Freigelände für die Ablagerung des Trümmerschuttes aus der nördlichen Stadthälfte an und wurde anschließend in einen Volkspark verwandelt..." (Starke, S. 226)

Der Industrieflughafen auf der Fürther Hard

"...Der Zweite Weltkrieg war zu Ende, die deutsche Luftfahrt tot. Nach dem Willen der Siegermächte durften Deutsche weder Flugzeuge besitzen noch führen. Die beschlagnahmten Verkehrsflughäfen wurden unter militärische Aufsicht gestellt, von den Besatzungsbehörden verwaltet und deutsche Staatsbürger nur in untergeordneter Stellung beschäftigt. Doch schneller als erwartet stellte sich heraus, daß die Einrichtung ziviler Flugverbindungen zwischen Westdeutschland und dem Auslande unerläßlich war. Es wurde daher bald unter militärischer Mitwirkung mit der Instandsetzung der ersten Verkehrsflughäfen sowie mit der Bereitstellung der notwendigen Flugsicherungseinrichtungen und des Flugwetterdienstes begonnen...

Bereits 1948 nahm die amerikanische Civil Aviation Division (CAD) Verhandlungen mit dem Bayerischen Staat und den Städten Nürnberg und Fürth auf, um die bodenorganisatorischen Voraussetzungen für eine Wiederaufnahme des Luftverkehrs zu klären. Sie fand die deutschen Behörden trotz aller Nöte der damaligen Zeit aufgeschlossen und zur aktiven Unterstützung dieses Vorhabens bereit. Da die früher benutzten Gelände in Fürth-Atzenhof und Nürnberg-Marienberg aus flugtechnischen Gründen nicht mehr in Betracht kamen, und der Vorschlag, die 'Große Straße' am Nürnberger Dutzendteich als Landebahn zu verwenden, nicht realisierbar war, wurde beschlossen, zunächst den früheren Werkflugplatz der Firma Bachmann & von Blumenthal am Westrand der Stadt Fürth behelfsmäßig herzurichten. Dadurch sollte die Zeit bis zur Fertigstellung eines modernen Flughafens, der auf Nürnberger Gebiet geplant war, überbrückt werden. Nachdem die bayerische Staatsregierung sich mit den Städten Nürnberg und Fürth auf eine Teilung der Ausbau- und Betriebskosten im Verhältnis 4 : 3 : 1 geeinigt hatte, wurde ... im Herbst 1949 mit den Arbeiten begonnen. Die nur 1.200 m lange und 52 m breite Beton-Startbahn wurde repariert und mit Stahlplatten um 160 m verlängert. In einem Wohnhaus an der Flugplatz-Einfahrt wurden die Verwaltung, die Funkstelle, die Wetterberatung, der Zoll und die übrigen Dienststellen untergebracht. Bis zum Jahresende waren alle Vorbereitungen getroffen, um den Flugbetrieb, wenn auch mit gewissen Einschränkungen, aufzunehmen. Am 2. Januar 1950 landete das erste Linienflugzeug, eine Douglas DC3 (27 Passagiere) der holländischen KLM, und eröffnete die Strecke Amsterdam – Düsseldorf – Nürnberg – München ..." (Starke, S. 226 f)

Und schließlich: Der Verkehrsflughafen Nürnberg

Natürlich war der Industrieflughafen Fürth von Anfang an als Zwischenlösung bis zur Fertigstellung des neuen – und heutigen – Flughafens Nürnberg gedacht. Schon 1949 hatte der Nürnberger Stadtrat beschlossen, einen modernen Flughafen auf Nürnberger Gebiet zu bauen. Nachdem man Gebiete bei Raubersried und Leerstetten wieder verworfen hatte, entschied man sich für das Gelände zwischen Buch und Buchenbühl im Norden der Stadt. Allerdings erwies sich die optimistische Annahme, den Flughafen bis Ende 1951 fertigstellen zu können, als nicht haltbar – so daß der Industrieflughafen Fürth sogar noch erweitert, instandgesetzt und verbessert werden mußte.

Am 20. November 1953 wurde die Flughafen Nürnberg GmbH gegründet, an der sich der Bund, der Freistaat Bayern und die Stadt (35%) beteiligten. Das Stammkapital betrug drei Millionen Mark. Die Einweihung und Inbetriebnahme des neuen Flughafens fand am 6. und 7. April 1955 statt. Bemerkenswert war diesmal die vorbildliche Zusammenarbeit der beiden Städte, als es um den "Umzug" des Flughafens ging: Am 6. April noch fertigten die Fürther den Flugverkehr ganz normal ab – am Vormittag des 7. April übernahm der Flughafen Nürnberg bereits den Flugbetrieb. Man hatte also den gesamten Flughafenbetrieb in nur einer Nacht "umgezogen"! Diesmal trübte offenbar keine Eifersüchtelei die gemeinsame Freude über den neuen Flughafen Nürnberg.

Die berühmten Eingemeindungs-Verhandlungen von 1922

Der absolute Knallpunkt in der jahrhundertealten Nürnberg-Fürther Zoff-Sammlung ist – wie mir scheint – die Geschichte der berühmten Verhandlungen zwischen den beiden Städten in den Jahren 1920–22 zur Bildung einer Gemeinde Nürnberg-Fürth. In der Fürther Presse hießen diese Verhandlungen bezeichnenderweise "Einverleibungs"-Verhandlungen, weil hier schon wieder – wie so oft – die traumatische Angst des "Gefressenwerdens" durch Nürnberg an der Fürther Volksseele nagte. Der Gedanke an eine Vereinigung beider Städte lag ja seit der Ludwigseisenbahn sozusagen in der Luft. Aber lesen wir dies bei Adolf Schwammberger in "Fürth von A bis Z" nach:

"Das Problem der Eingemeindung Fürths nach Nürnberg taucht mit der ersten Eisenbahn 1835 auf. In der 'Einladung zur Gründung einer Gesellschaft für die Errichtung einer Eisenbahn mit Dampffahrt zwischen Nürnberg und Fürth' (14.5.1833) heißt es u.a.: 'Fürth wird durch dieses... Kommunikationsmittel in den Stand gesetzt, um so viel leichter und bequemer an den Kunst- und Bildungsanstalten Nürnbergs... teilzunehmen, denn beide Städte werden einander so nahe gerückt, daß sie fast nur eine Stadt ausmachen... Diese Unternehmung würde... die Aussicht eröffnen, das hier angefangene Werk für eine noch viel wichtigere Kommunikation fortzusetzen, wodurch die vereinigten Städte Nürnberg und Fürth zu Hauptpunkten des Binnenhandels zwischen dem Main und der Donau und zu den Haupttransitoplätzen des Großhandels zwischen dem Westen und Osten von Europa erhoben werden könnten'. 1898 forderte der damalige I. Bürgermeister von Nürnberg – Dr. von Schuh – öffentlich die Vereinigung der beiden Städte... 1908 unterstützte Prinz Ludwig den Gedanken an eine Großgemeinde Nürnberg-Fürth, indem er das Projekt des Nürnberger Justizpalastes an der Fürther Straße (als 'Bindemittel' zwischen den beiden Städten) befürwortete. 1912 griff der Oberbürgermeister von Fürth, Theodor Kutzer, den Gedanken zu einem Zusammenschluß mit Nürnberg in einer Denkschrift wieder auf." (Schwammberger, S. 105)

In der erwähnten Denkschrift von Theodor Kutzer kann man über die allgemeine Situation u. a. nachlesen:

..."Nürnberg erkannte schon früh die Vorteile, die es durch den Besitz des an der Mündung der Pegnitz in die Rednitz gelegenen Handelsplatzes erlangt hätte. Aber Ansbach und Bamberg hinderten, daß schon vor Jahrhunderten Fürth nürnbergisch wurde." (S. 6)

Herbert Schnittger faßt die hauptsächlichen Beweggründe für eine Städtevereinigung so zusammen: "Die Nürnberger lockte in erster Linie der große Fürther Grundbesitz. Nürnberg glaubte dadurch schnell zu einem günstigen Industriegelände (Burgfarrnbach) zu kommen, das noch dazu auf großen Strecken von dem künftigen Großschiffahrtskanal berührt würde." (S. 215)

Und bei Hermann Hanschel fand ich dazu das folgende Zitat:

"Die Bemühungen um den Rhein-Main-Donau-Kanal machten Überlegungen um einen gemeinsamen Hafen für Nürnberg-Fürth notwendig. Die von Luppe gleich nach seinem Amtsantritt stark forcierte Stadtentwicklungsplanung legte eine Einbeziehung Fürths nahe." (S. 108)

Hermann Luppes Vorschlag einer "Einheitsgemeinde"

1920 griff der Nürnberger 1. Bürgermeister, Dr. Hermann Luppe, den Gedanken der Städtevereinigung erneut auf.

"Im Oktober 1920 zählte Nürnberg 361.000 und Fürth 70.000 Einwohner. Es war zu erwarten, daß Nürnberg-Fürth in einem Jahrzehnt die Halbmillionengrenze erreichen würde. Damit konnte die Gesamtstadt die Gleichstellung mit München und dessen finanzieller Sonderstellung in Bayern verlangen... München und Nürnberg-Fürth hätten dann die Stellung kommunal selbstverwalteter Regierungsbezirke eingenommen. Damit wäre Nürnberg-Fürth zum nordbayerischen Gegenpol von München geworden." (S. 112)

Während in Kutzers Denkschrift zur Städtevereinigung noch die Vermutung (oder Hoffnung) ausgesprochen wird: ..."Auch die etwa vorhandene, aus dem Wettbewerb der Städte und seinen Folgen erklärliche, weniger freundliche Gesinnung eines Teiles der Bevölkerungen gegen einander würde [nach einer Städtevereinigung] schnell verschwinden..." (S. 13), beschreibt Hanschel dieses Verhältnis etwas weniger optimistisch: ... "Das Verhältnis zwischen der Nürnberger und der Fürther Bevölkerung war von vielfachen Emotionen und Ressentiments bestimmt. Es war trotz oder gerade wegen der zahlreichen Gemeinsamkeiten auf Unterscheidung und Abgrenzung ausgerichtet... Bei der Stadtverwaltung Fürth herrschte ein sicherlich nicht ganz unberechtigtes traumatisches Mißtrauen gegenüber der Nachbarstadt. Fürth fühlte sich mitunter beiseite geschoben, in gemeinsamen Dingen übervorteilt oder meinte bisweilen sogar, 'eine gewisse Vergewaltigung durch Nürnberg zu erkennen.'"(S. 107)

Ich fasse das, was ich mir aus den obigen Zitaten zusammengereimt habe, einmal so zusammen: Seit der Errichtung der Ludwigseisenbahn gab es den Gedanken, aus den beiden Städten ein Gemeinwesen zu machen, um den Binnenhandel zwischen Main und Donau – und damit den Großhandel zwischen Ost und West – wieder effektiver mitgestalten zu können. In der Folgezeit taucht der Gedanke immer wieder auf, weil die Planung der Rhein-Main-Donau-Großschiffahrtsstraße die gemeinsame Anlage eines Nürnberg-Fürther Hafens nahelegte, und weil Nürnberg am reichlich vorhandenen Fürther Industriegelände interessiert war. Außerdem hätte die Einheitsgemeinde Nürnberg-Fürth von der Größe her seit 1920 der nordbayerische Gegenpol zu München sein können!

Aber in den ganzen Schriften zur Vereinigungsfrage taucht auch immer wieder der Hinweis auf das ablehnende bis feindselige Verhältnis von Teilen beider Stadtbevölkerungen zueinander auf – und da sind wir ja wieder ganz bei unserem Thema. Da wächst doch 1920 mit dem Beginn dieser Eingemeindungsverhandlungen schon wieder neuer Zoff den Horizont herauf! Dem Vereinigungsgedanken stand von Anfang an das tiefsitzende Mißtrauen der Fürther gegenüber den Nürnbergern im Wege, ein Mißtrauen, das sich wohl schon in den vorausgegangenen Jahrhunderten der Dreiherrschaft in Fürth herausgebildet hatte. Wir werden im folgenden noch sehen, wie diese Fürther Haltung die Eingemeindungsverhandlungen schließlich zum Kippen brachte...

Für unsere Nürnberg-Fürther Zoff-Sammlung darf ich hier einige Ausführungen von Hermann Hanschel zusammenfassen: In seiner Denkschrift über die Vereinigung von Nürnberg und Fürth empfahl Dr. Luppe die Form der Einheitsgemeinde mit dem Namen "Nürnberg-Fürth", die ein Gegenstück zu München bilden sollte. Aus dem Ministerium in München kam die Zusicherung, daß man gegen die Bildung einer solchen Einheitsgemeinde nichts einwenden werde. Dabei war man sich von Anfang an darin einig, daß es Fürth nicht zugemutet werden konnte, seine Stadtindividualität gänzlich aufzugeben. Mit Rücksicht auf die Fürther Interessen sollte z. B. das reiche Fürther Stiftungswesen völlig erhalten bleiben.

Luppes ehrlicher Wille, Fürth entgegenzukommen, war nicht zu bestreiten, das erkannte auch die gegnerische Seite an... Der Ausschuß war der Meinung: "Die Stadt Fürth darf durch die Einheitsgemeinde in ihrer Entwicklung nicht zur Vorstadt oder reinen Arbeiterstadt herabgedrückt, sondern muß fortschrittlich zum Großstadtteil weiterentwickelt werden:" (Hanschel, S. 111)

Wie man in beiden Städten auf Luppes Vorschlag reagierte

Luppes Plan sagte schließlich sogar dem Fürther OB Wild zu, der seinen anfänglichen Widerstand gegen das Vorhaben aufgegeben hatte und nun für eine Vereinigung eintrat. Er schlug daher eine informatorische Volksabstimmung in dieser Frage vor.

Auf der anderen Seite können wir zur Eingemeindungsfrage bei Herbert Schnittger erfahren, wie die Nürnberger Bevölkerung zu dem Thema stand:

"Während sich in Fürth die Gemüter in der Einverleibungsfrage erhitzten, zeigte die Nürnberger Bevölkerung nur wenig Interesse. Die Einverleibung Fürths fand auch in der Nürnberger Presse eine kühle Aufnahme. Man verkannte nicht die gefühlsmäßigen und historischen Hemmungen, die einer Vereinigung mit Fürth im Wege standen. Bei der Eingliederung Fürths, so erklärten die Nürnberger Einverleibungsgegner, handle es sich nicht wie bei der seinerzeitigen Einverleibung der Nürnberger Vororte um Aufnahme einer kleinen, in ihrem Charakter wenig ausgeprägten Gemeinde, sondern um eine Stadt mit einer jahrhundertelangen gemeindlichen Geschichte mit einer ausgesprochenen Individualität. Man war sich darüber klar, daß Fürth sich nur schwer nach Nürnberg eingliedern lasse." (S. 51)

Aber lesen wir zunächst bei Hermann Hanschel weiter, was sich im Zuge der Eingemeindungsverhandlungen – vor allem in Fürth – abspielte:

"Einen Höhepunkt der gesamten Vereinigungsverhandlungen stellten die Sitzungen des Fürther Stadtrats vom 1. und 2. Dezember 1921 dar...

Mit dreißig gegen zwölf Stimmen genehmigte der Stadtrat schließlich die Vereinigung in der vorgeschlagenen Form der dezentralisierten Einheitsgemeinde. Ein Antrag auf Herbeiführung einer Volksabstimmung und folgender zweiter Lesung wurde einstimmig angenommen. Völlig emotionslos verlief die Verhandlung im Nürnberger Stadtrat. Auch die Bevölkerung zeigte nur geringes Interesse. Die Verhandlungen des Prüfungsausschusses waren von einer immer erregter geführten Debatte in den in Fürth hauptsächlich gelesenen Zeitungen begleitet." (S. 113)

So z. B. schreibt die Nordbayerische Zeitung am 11. 11. 1921:

"Wir wissen ..., daß Nürnberg bei allen Dingen greifbarer Natur, in denen es mit Fürth zusammenging, immer erst an sich gedacht hat. Es hat sich zwar mit uns an den Verhandlungstisch gesetzt, uns stets hübsch über unsere Absichten und Wünsche ausgefragt und ist dann von dannen gegangen, um uns schließlich in den Rücken zu fallen und die Beute für sich einzuheimsen. Herr Dr. Luppe kennt das wohl nicht – und darum auch nicht den Grad des Mißtrauens, der in Fürth gegen alle Nürnberger Versprechungen seit jeher besteht."

Den Vogel schoß jedoch die Fränkische Tagespost vom 8. 11. 1921 ab mit ihrer Bemerkung über die laufenden Eingemeindungsverhandlungen – das Zitat habe ich gefunden bei Herbert Schnittger, S. 35:

"Es ist dasselbe, wenn der Fuchs den Enten predigt, sich ja artig zu verhalten, denn die Prozedur des Aufgefressenwerdens sei höchstwahrscheinlich gar keine so schlimme Sache."

Bevor wir uns nun der berühmten Volksabstimmung von 1922 über die Frage der Vereinigung beider Städte zuwenden, möchte ich mit eigenen Worten die Ausgangslage – vor allem in Fürth – kurz wiedergeben:

Die Fürther waren auf das schnelle Wachstum ihrer Stadt und auf das Aufblühen ihres Handels und Gewerbes im 19. Jahrhundert stolz und wollten von einer Einverleibung nach Nürnberg nichts wissen. Man befürchtete, durch die Vereinigung zu einem bedeutungslosen Vorort – oder gar zum "Fabrik-Hinterhof" Nürnbergs zu werden. Auch behagte den alteingesessenen Fürther Bürgern der Gedanke nicht, künftig "wegen jedem Schieß" aufs Nürnberger Rathaus laufen zu müssen. Und dann war da auch noch die Befürchtung der Fürther, daß sie kräftig würden mitzahlen müssen bei allen künftigen Vorhaben der Großgemeinde – und Nürnberg würde den eigentlichen Nutzen davon haben. Nur so kann ich es mir heute erklären, daß die Fürther Bevölkerung nach der Bekanntgabe der Einverleibungspläne – und nach der Kampagne der Fürther Presse – derart auf die Barrikaden ging.

Einen weiteren Grund, der schon seit jeher einen gewissen Dünkel der Nürnberger gegenüber den Fürther Bürgern begründet haben mag – und der wohl einer Eingemeindung im Wege stand, konnte ich bei Herbert Schnittger finden:

"Ein Haupthindernis für einen Zusammenschluß war die Frage des Bürgerrechts, das in Nürnberg und in Fürth verschiedenartig gehandhabt wurde. Während Fürth für die Verleihung des Bürgerrechts kein Geld verlangte, erhob Nürnberg Gebühren. Es ist daher leicht zu verstehen, daß Fürth im Verhältnis zu seiner Einwohnerzahl mehr Bürger hatte als Nürnberg." (S. 38)

"Treu-Fürth"s erbitterter Widerstand

Wie man aus den Abhandlungen von Hanschel und Schnittger erfahren kann, gab es seit 1918 in Fürth den "Verein zur Wahrung der Interessen der Stadt Fürth", kurz "Treu-Fürth", dessen Wortführer der Pfarrer und Stadtrat Paul Fronmüller und Babette Bauer waren.

Im folgenden werden wir sehen, wie dieser Verein "die Fürther Volksseele" im Verlauf der gesamten Eingemeindungsdebatte regelrecht zum Kochen brachte. "Treu-Fürth" hatte wegen der aus seiner Sicht drohenden Vereinigung mit dem Grund- und Hausbesitzerverein, den Vereinigten Innungen, dem "Interessenverband für Gewerbe und Kleinhandel" und dem "Verein zum Schutze von Handel und Gewerbe" ein gemeinsames Gremium gebildet, nämlich den "Arbeitsausschuß zur Erhaltung der Selbständigkeit der Stadt."

"Der Verein 'Treu-Fürth' erlebte einen ungeahnten Zulauf. Im September 1921 zählte er 5.500, im Januar 1922 7.000 Mitglieder. Das bedeutete, daß jeder zehnte Fürther Mitglied dieses Vereins war.

... Fronmüller entfesselte eine für Fürth beispiellose Agitation. Dabei schreckte der 'Erzengel von St. Michael' genannte Fronmüller auch vor persönlichen Verunglimpfungen und haarsträubenden Behauptungen nicht zurück. Obwohl Luppe mit seiner Denkschrift zur Vereinigungsfrage versucht hatte, die Gegner auf rationale Argumente zu verpflichten, wurden bei ”Treu-Fürth“ und der geistesverwandten Presse die Gefühlsausbrüche immer exzessiver: ’Wir sind im Laufe unserer Geschichte völlig ausgeraubt, ja sogar niedergebrannt, aber nicht von der Landkarte vertilgt worden. Was wiederholt das Schwert nicht erreichen konnte, soll nun die Feder zwingen. Das darf und wird nicht geschehen!‘ ’... Nürnberg geht wieder einmal auf Raub aus wie im bayerischen Erbfolgekrieg ..., aber diesmal hat es keine Donnerbüchsen und Schleuderkanonen, sondern nur die Zunge seines Herrn Ersten Bürgermeisters, der unser armes Fürth anleimen möchte wie das Chamäleon die Fliege.‘...“ (Hanschel, S. 113)

”Treu-Fürth“ lehnte also – wenn ich das Zitat richtig interpretiere – jede Form einer Vereinigung mit Nürnberg ab. Hermann Hanschel beschreibt diese grundsätzliche Ablehnung des Plans einer Einheitsgemeinde durch ”Treu-Fürth“ so:

”Eigentlich war ihm nichts anderers entgegenzusetzen, als die grundsätzliche Ablehnung, die Fronmüller formulierte: Luppes Vorschlag sei ’sehr sympathisch, die Selbständigkeit von Fürth sei aber ein so hohes Gut, daß er sich nicht entschließen könne, es irgendwie aufzugeben‘... Damit wurde ein Kampf eröffnet, der – rein emotional geführt – die Fürther Bevölkerung aufwühlen sollte und von Anfang an unter Devisen stand wie: ’Fürther! Augen auf! – Taschen zu!‘ ‚Fürth den Fürthern!‘“(S. 109)

Recht spannend lesen sich diese ”Kriegsvorbereitungen“ auch bei Herbert Schnittger:

”Inzwischen bereiteten sich beide Seiten auf die kommende Volksabstimmung vor. Sowohl der Verein ’Treu-Fürth‘ als der Ausschuß zur Förderung des Zusammenschlusses hielten große Volksversammlungen ab, die teilweise stürmisch verliefen. ’Treu-Fürth‘ hatte sogar eine besondere Frauenversammlung einberufen. Man war sich der entscheidenden Rolle der Frauen bei der Volksabstimmung bewußt und versuchte auch durch Agitation in den Metzger- und Milchläden die Frauen für sich zu gewinnen.“ (S. 93)

”Am Tage vor der Abstimmung erreichte die Propaganda der beiden Parteien ihren Höhepunkt. Treu Fürth ließ in den Stadtfarben dekorierte Lastwagen und Pferdefuhrwerke unter der Parole ’Wir sind Fürther und bleiben Fürther‘ durch die Straßen fahren.“ (S. 96)

Wie ich Herbert Schnittger weiter entnehmen kann, war die ganze Frage in Nürnberg kein großes Thema – Nürnberg ist da also ganz "cool" herangegangen:

"Während die Sitzung des Fürther Stadtrats unter außerordentlicher Anteilnahme der Fürther Bürger stattfand, stießen die Beratungen im Nürnberger Stadtrat nur auf geringes Interesse der Nürnberger Bevölkerung; selbst verschiedene Stadträte waren zur Beratung über die Vereinigungsfrage nicht erschienen." (S. 92)

Ein denkwürdiger Tag: Die Volksabstimmung von 1922

Die Abstimmung am 22. 1. 1922 brachte ein überraschendes Ergebnis:

Die Fürther Bevölkerung entschied sich mit rund 65 % gegen die Vereinigung, obwohl der Stadtrat mit 3/4-Mehrheit den Zusammenschluß befürwortet hatte und zahlreiche einflußreiche Persönlichkeiten sowie die drei sozialistischen Parteien, einschließlich der Gewerkschaften, geschlossen für eine Vereinigung eingetreten waren!

An diesem Abstimmungsergebnis hatten lt. Schnittger vor allem die Frauen großen Anteil. Es zeigte sich, daß die Fürther einen Lokalpatriotismus aufbrachten, wie man ihn wohl kaum anderswo findet.

"Das Heimatgefühl der alteingesessenen Familien hatte eine große Rolle gespielt, und die 'Treu-Fürther' hatten das bereits vorhandene Mißtrauen gegen Nürnberg noch gefördert." (S. 98)

Der Stadtrat, der sich in seiner Mehrheit für einen Zusammenschluß ausgesprochen hatte, trat zurück. Bei den darauffolgenden Stadtrats-Neuwahlen eroberten die Verfechter der "Fürther Selbständigkeit" 20 von 40 Sitzen.

Die "Nordbayerische Zeitung" zieht am 40. Jahrestag der denkwürdigen Volksabstimmung noch einmal ein Resümee unter der Überschrift:

Fürth stand "vor einer schweren Schicksalsfrage"

"... zog diese Wahl am Sonntag, dem 22.Januar 1922 den Schlußstrich unter einen Kampf, den die Bewohner aus Liebe zu ihrer Heimatstadt mit aller Heftigkeit geführt hatten... Hier 'Treu-Fürth' –

und dort der 'Ausschuß zur Förderung des Zusammenschlusses' – der Kampf wurde mit einer Heftigkeit und einem Eifer geführt, der nicht nur in Bayern, sondern im ganzen Deutschen Reich Aufsehen erregte."

Hier ein Gedicht zum Eingemeindungsgerangel vom Fürther Stifter und Ehrenbürger Alfred Nathan:

Zur Einverleibungsfrage!

Was soll im Schrecken dieser Zeit
Und ihrem Weh ein neuer Streit?
Erst laßt uns wieder Frieden haben,
Und jeden Zank so lang begraben.

Ob für, oder wider steht dahin,
Stets bleibt es wahr: Viel Köpf', viel Sinn!
Um solche Fragen zu entscheiden,
Bedarf es, mein ich, and'rer Zeiten

Wir haben Weh und Gram genug,
Da uns der Krieg viel Wunden schlug.
Die Fragen mit dem Einverleiben
Laßt besser bis zum Frieden bleiben!

Mit "Zahnweh" bleib' man uns vom Leib
Es ist ein schlechter Zeitvertreib,
Solch' schwere Fragen aufzurollen,
Die vollste Überlegung wollen.

So lang ein Haus im Flammenbrand,
Wär' es der reine Unverstand,
Bei dem Gedanken zu verweilen,
Wie sind die Zimmer einzuteilen?

Aus der "Fürther Zeitung" vom Dienstag, 11. Dez. 1919

Nach der Volksabstimmung:
Verschärfung der Stimmung zwischen Nürnberg und Fürth

Das Ergebnis der Volksabstimmung möchte ich anhand der Arbeit von Herbert Schnittger etwa so zusammenfassen: Das Kalkül der Eingemeindungsfreunde auf die Bildung einer Großstadt von der damaligen Größe Münchens und damit auf die erhoffte Verlegung von Regierungsstellen aus Ansbach nach Nürnberg-Fürth war nicht aufgegangen. Als unbegründet hatte sich aber auch die Furcht der Eingemeingungsfreunde erwiesen, Fürth werde als Gemeindewesen in kurzer Frist zusammenbrechen, wenn es sich angesichts der anstehenden großen kommunalen Vorhaben wie Schlachthofneubau, Krankenhausneubau, Gasversorgung, Flughafen u. a.m. nicht mit der wirtschaftlich potenten Nachbarstadt zusammenschlösse. Fürth konnte, wie man bis heute feststellen kann, allein existieren.

Das von Hermann Hanschel gezogene Resümee über die mißglückte Vereinigung beider Städte liest sich noch eine Spur trockener:

"Weitgespannte Erwartungen für eine gemeinsame Zukunft von Nürnberg und Fürth waren zunichte gemacht. Die Gemeinschaftsunternehmungen aber blieben vom Abstimmungsergebnis unberührt. Luppe hatte auch die Zeit benützt, die gemeinsame Aufstellung des Generalbebauungsplans vertraglich zu sichern. Allerdings verschlechterte sich das Verhältnis zwischen den beiden Stadtverwaltungen. Fürth mußte noch im selben Jahr das Eingehen der Ludwigsbahn hinnehmen, deren Aktienmehrheit es sich gesichert hatte, um in Verkehrsfragen Nürnberg gegenüber gestärkt auftreten zu können. Die Verhandlungen um einen Straßenbahnvertrag zwischen beiden Städten zogen sich jahrelang hin, da sich jetzt die Städte wieder als bloße Vertragskontrahenten gegenüberstanden. Auch in [anderen] Eingemeindungsfragen gerieten Nürnberg und Fürth bald aneinander." (S. 114 f)

Was die folgende Eingemeindungs- und Einkreisungspolitik beider Städte noch an unschönen Eifersüchteleien brachte, erfahren wir wieder bei Herbert Schnittger:

"Nach der Fürther Volksabstimmung trat der Stadtrat Zirndorf sofort an die Stadt Nürnberg wegen Eingemeindungsverhandlungen heran. Gleichzeitig bot der Stadtrat von Fürth die Eingemeindung von Zirndorf nach Fürth an. Der Stadtrat Zirndorf lehnte jedoch die Eingemeindung nach Fürth einstimmig ab und beschloß mit überwiegender Mehrheit die Einverleibung Zirndorfs nach Nürnberg. Die Eingemeindung Zirndorfs scheiterte jedoch an dem Einspruch der Stadt Fürth, da die Regierung von Mittelfranken in einer Eingemeindung Zirndorfs nach Nürnberg einen unzulässigen Druck auf Fürth erblickte." (S. 103 f)

Der Kleinkrieg ging nun also munter fort: Da die "Treu-Fürther" glaubten, seitens Nürnberg und seines OB Dr. Luppe einer "Einkreisungs- und Sanktionspolitik" ausgesetzt zu sein, versuchten sie nun ihrerseits, bereits in Eingemeindungsverhandlungen mit Nürnberg befindlichen Gemeinden noch umzustimmen. Die Nordbayerische Zeitung schlug damals eine Art "Waffenstillstand" und "Demarkationslinie" zwischen den beiden Städten vor...

Bauliche Entwicklung: auseinander – anstatt zusammen

Bei Herbert Schnittger erfahren wir weiter, wie die bauliche Entwicklung beider Städte verlief:

"Durch die Einverleibung Unterfarrnbachs und Burgfarrnbachs verschob sich der Schwerpunkt der städtischen Ausdehnung Fürths nach Westen und Nordwesten. Es entstand die Villenkolonie in Dambach. Die Gartenstadt 'Eigenes Heim' war vom Weichbild Nürnbergs noch weiter entfernt." (S. 211)

Wie Schnittger weiter berichtet, habe Nürnberg 1922 anläßlich der Eingemeindungsverhandlungen für den Fall, daß Fürth selbständig bleibe, mit einer stärkeren Erweiterung der Stadt Nürnberg nach Süden gedroht: Durch die Einverleibung Zirndorfs und den Bau einer Straßenbahnlinie von Nürnberg über Altenberg nach Zirndorf würde man das widerspenstige Fürth auch wirtschaftlich vom Bibertgrund abschneiden. Nürnberg habe danach seine Drohung auch tatsächlich wahrgemacht – 1922 wurden Reichelsdorf, Eibach und Mühlhof eingemeindet, 1924 die Einkreisung Fürths im Nordosten durch die Eingemeindung Buchs weiter fortgesetzt. Fürth habe mit der gegenseitigen Abgrenzung im Knoblauchsland durch Eingemeindung von Kronach und Ronhof nachgezogen – lediglich die Einverleibung Stadelns sei gescheitert.

Wenn wir weiter Schnittger folgen, ist die räumliche Entwicklung beider Städte eher auf gegenseitige Abgrenzung ausgerichtet gewesen als auf ein Zusammenwachsen: Dafür spreche auch, daß die Entwicklung des Gebietes beiderseits der Fürther Straße – im Vergleich zur Bedeutung dieser Hauptverkehrslinie zwischen beiden Städten – nur sehr schwach war.

Hier scheint mir ein statement des Altmeisters im Städtebau, Prof. Theodor Fischer angebracht. Fischer sagte nämlich über Nürnberg und Fürth: "Beide Städte kehren sich ihren unedelsten Körperteil zu."

Man war – wie Herbert Schnittger zusammenfaßt – also auf beiden Seiten darauf bedacht, sich nur ja nicht zu nahe zu kommen.

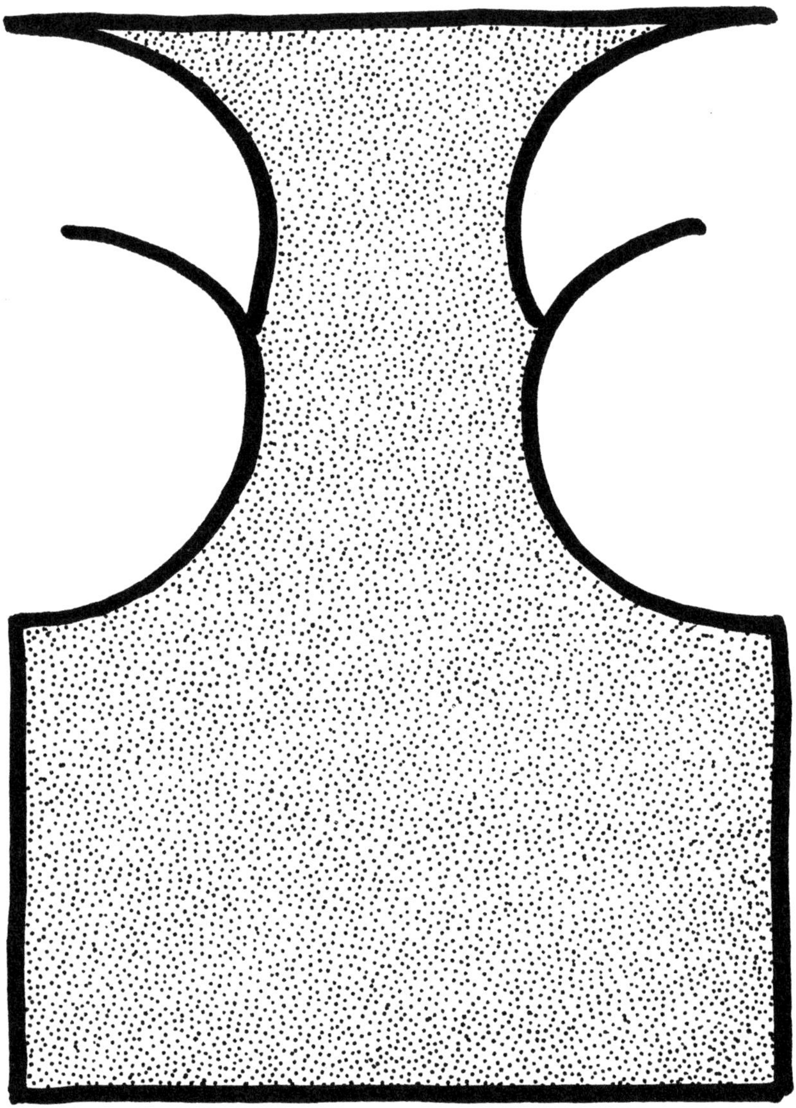

„Beide Städte kehren sich
ihren unedelsten Körperteil zu.“
(Prof. Theodor Fischer)

Das Theater um den Nürnberg-Fürther Theaterbetrieb

Im folgenden eine kurze Schilderung und Anmerkungen zum Theaterbetrieb in Fürth und zu der Liaison mit dem Nürnberger Theaterbetrieb – entnommen aus einer "Dokumentation zur Wiedereröffnung des Stadttheaters am 13./14.1.1973, 'Theater in Fürth'" – von Emil Ammon, dem früheren Direktor des Stadtarchivs Fürth. Demnach sind die Anfänge des Theaterlebens in Fürth einer Bürgerinitiative zu verdanken.

"Zu Anfang des Jahres 1685 nämlich wurde der dompropsteiliche Amtmann vom Wirt zum 'Roten Ochsen', Michael Göring, und zwei weiteren Männern um die Erlaubnis gebeten, daß sie auf dem gemeindlichen Platz 'gegen der Statt Nürnberg zue bey der Linden' ein 'Komödienhaus' errichten dürften. Bei der geringen Ausdehnung des Marktfleckens Fürth um diese Zeit kann man sich denken, daß die beschriebene Örtlichkeit nicht weit vom heutigen Hallplatz entfernt gewesen sein kann... Im Fall des Wirtes Göring gab es allerdings durch seine Eigenmächtigkeit bald Ärger, der für die Machtverhältnisse im alten Fürth (Dreiherrschaft des Bischofs von Bamberg, des Markgrafen von Ansbach und der Reichsstadt Nürnberg) bezeichnend war. Der dompropsteiliche Amtmann hatte die Antragsteller, da es sich um gemeindlichen Grund handelte, an die Bürgermeister verwiesen. Göring und seine Freunde aber schienen bürokratische Hemmnisse zu befürchten und bauten kurzerhand ihr Komödienhaus ohne gemeindliche Genehmigung. Darüber ärgerten sich natürlich die Bürgermeister. Das 'Haus' war noch gar nicht richtig fertig, da fanden schon Vorstellungen statt und zwar unter der Beteiligung eines 1684 aus Nürnberg geflüchteten Schauspielers.

Dies hinwiederum erzürnte (zur Freude des dompropsteilichen Amtmanns) den Rat der Stadt Nürnberg, wo man ohnedies nicht gerne sah, daß 'das volk ufs land lauft und ir geld verzehrt', und nun befürchtete, daß der Abtrünnige seine Anhänger nach Fürth ziehen könnte.

... Die freie Reichsstadt übte nicht nur eine weit größere Anziehungskraft aus, sondern versuchte auch mit Erfolg, wandernde Schauspieler vom Nachbarort fernzuhalten. Zwar waren die Nürnberger selbst durchaus nicht an all den Komödianten interessiert, die innerhalb ihrer Mauern spielen wollten, aber diese fanden bald ein probates Mittel heraus: Drohte ein Spielverbot, so kündigten sie an, im nahen Fürth aufzutreten, worauf sie meist die erwünschte Genehmigung vom Rat erhielten. Doch auch wenn eine Gesellschaft abgewiesen wurde, trachtete man danach, sie von dem kleineren Nachbarn fernzuhalten, wie aus einem Nürnberger Ratsverlaß vom 9. Juni 1712 hervorgeht.

Trotzdem sind für die Jahre 1711, 1750, 1765, 1768, 1774–77 und 1781 Auftritte von wandernden Schauspielern in Fürth bezeugt, vor allem durch gemeindliche Rechnungen. Manchmal spielte man in der 'Komödienstube' eines Gasthauses, dann wieder wurde eine Bretterhütte auf gemeindlichem Grund errichtet... Das Theater, das noch im 18. Jh. von vielen Wandertruppen geboten wurde, war ein literaturfernes Stegreifspiel ohne regelrechtes Rollenstudium, beeinflußt vom Vorbild der italienischen Commedia dell'arte. Nur der Szenenablauf und die Funktion der Rollen lagen fest, die Ausführung war Sache der Schauspieler. Dazu gehörte sicher auch Witz und Schlagfertigkeit, was aber bereitstand, war ein gewisser Phrasenschatz für jede Rolle: den alten Vater, die schlaue Tochter, den verwegenen Liebhaber, den frechen Diener usw. Dieses Theater konnte jederzeit unterbrochen werden durch den Auftritt des Harlekins, des "Hanswurst", der sich alle Grobheiten und Zoten erlauben konnte...

Für die Entwicklung eines regeren Theaterlebens in Fürth fehlte aber immer dringender ein festes Haus mit regelmäßiger Bespielung, wie es andernorts zur Verfügung stand. In Nürnberg war dem 'Tagkomödienhaus' schon 1668 ein 'Nachtkomödienhaus' gefolgt, in dem auch bei künstlicher Beleuchtung gespielt werden konnte. Ein alter Stadel am Lorenzer Platz wurde dazu notdürftig umgebaut und führte den anspruchsvollen Namen 'Opernhaus'. Wer sich dort keinen Logenplatz leisten konnte, mußte seine Sitzgelegenheit selbst mitbringen, doch das war damals allgemein üblich. Durchgreifenden Wandel schuf auch hier erst die Privatinitiative: Der Gastwirt Georg Leonhard Aurnheimer baute im Einvernehmen mit dem Rat ... auf eigene Kosten das 'Opernhaus' zu einem neuen Schauspielhaus um. Sein Nachfolger ab 1808, Joseph Reuter, spielte noch 1814 und 1815 in einer Bretterhütte auf dem Königsplatz in Fürth. Er wußte deshalb am besten die Vorzüge eines festen Hauses mit moderner Einrichtung zu schätzen und wurde so zu einem der Initiatoren für einen Theaterbau in Fürth... Selbst das örtliche Polizeikommissariat in Fürth hatte dagegen keine Einwendungen und hielt in seinem Gutachten vom 8.1.1811 den bemerkenswerten Satz fest: 'In einer Stadt, die gegen

13.000 Einwohner hat, gehoeren theatralische Vorstellungen mit zu den Bedürfnissen des Luxus, wenn auch der denselben unterlegte hoehere Zweck der moralischen Bildung nicht erreicht wird.'"

Zwar wurde bereits am 16.1.1811 in Ansbach die Genehmigung ausgesprochen und die Weisung erteilt, Platzwahl und Finanzierung zu regeln, doch dauerte es noch über fünf Jahre, bis der Grundstein gelegt wurde. Zu dem Theaterfachmann Joseph Reuter kam jetzt der Bauunternehmer Johann Friedrich Kopp, ein wohlhabender Maurermeister. Er entwarf einen Bauplan ... Die Beschaffung eines geeigneten Bauplatzes für das erste ständige Fürther Theater ... zog sich allerdings noch sehr lange hin, bis Reuter und Kopp endlich von der Witwe Wening, der Besitzerin des Weißengartens, ein Grundstück (heute Ecke Theater- und Rosenstraße) erwerben konnten ... am 25. September 1816 wurde das Theater eröffnet.

... Damit hatten die Fürther ihr Theater, aber das Unternehmen, in das sich Reuter und Kopp eingelassen hatten, war derart, daß die Sorgen nie endeten ...

Stätten einer nationalen Theaterkultur waren zu Anfang des 19. Jh. die Hoftheater ... Die Städte trieben noch keine Kulturpolitik, das Theater war für sie eine Angelegenheit der Gewerbepolizei. Besaß eine Stadt ein eigenes Theatergebäude, so wurde es im Pacht-System vergeben, d. h. der Direktor mußte vor allem Geschäfte machen, um seine Abgaben bezahlen zu können. Die Auswirkungen auf den Spielplan sind klar ...

Daraus geht hervor, daß das Fürther Stadttheater genau wie das Nürnberger Schauspielhaus und das Opernhaus zwar Eigentum der Stadt war, aber im Grunde immer noch nach dem Pacht-System vergeben wurde. Der Direktor hatte also seine Abgaben an die Stadt herauszuwirtschaften, erhielt dafür Heizung und Licht geliefert und mußte große Oper, Operette und Schauspiel auf die Bühne bringen ...

Erst im Jahr 1920 wurden die Bühnen Nürnberg-Fürth endgültig in städtische Verwaltung genommen ...

Reuter, Kopp und ihre Aktionäre kannten also noch keinerlei städtische Subventionen, sie standen allein. Aurnheimer, Reuters Vorgänger in Nürnberg, der bereits erwähnte Erbauer des Schauspielhauses am Lorenzer Platz, hatte sich schon 1808 finanziell ruiniert und endgültig aus dem Theatergeschäft zurückgezogen. Der Mut Joseph

Reuters, das Nürnberger Erbe anzutreten und in Fürth ein neues Theater zu gründen, ist noch heute bewundernswert. Obwohl er auch den Kassenstandpunkt nicht aus dem Auge verlieren durfte, sind seine künstlerischen Verdienste unbestritten, vor allem bemühte er sich, das Ensemble zu stabilisieren, indem der unermüdlich einheimische Talente aufspürte, um durch sie die erste Schauspielergeneration zu ergänzen, die ja noch aus Mitgliedern ehemaliger Wandertruppen bestand. Unglücklicherweise verstarb Reuter kaum acht Wochen nach der Eröffnung des Fürther Theaters.

Durch seine Person aber war eine wichtige Entscheidung für Fürth getroffen: Die Personalunion in der Theaterleitung Nürnberg-Fürth. In der zweiten Hälfte des Jahrhunderts ist ihre rechtliche Fixierung in der Form nachzuweisen, daß der Vertrag mit Fürth an dem Tag erlöschen sollte, an dem die Direktion in Nürnberg nicht mehr geführt wird. Dadurch wollte man die enge Verbindung mit Nürnberg erhalten, was auch – nur durch das nationalsozialistische Regime unterbrochen – von 1842 bis 1970 der Fall war. Damit war die Fürther Theatergeschichte für lange Zeit ein verkleinertes Abbild der Nürnberger Entwicklung...

Wenn Reuter noch den 'Hamlet' inszeniert hatte..., so waren das wohl Sternstunden, während man immer mehr genötigt war, dem unentwickelten Geschmack der Menge Rechnung zu tragen, um ein volles Haus zu erzielen. Es wird also ganz so gewesen sein, wie das Polizei-Kommissariat 1811 vermutet hatte, daß 'der höhere Zweck der moralischen Bildung' nicht erreicht wurde, ebensowenig wie man im Sinne Minister Hardenbergs von einem nennenswerten 'Einfluß auf den Nationalcharakter' sprechen durfte. Das erste Theater in Fürth war gewiß keine Kultstätte elitärer Minderheiten, sondern vorwiegend Ort eines volkstümlichen Vergnügens. Daß es in diesem Musentempel nicht gerade zimperlich zuging, dafür zeugt schon ein Akt des Magistrats 'betreffend die im hiesigen Schauspielhaus vorgefallenen Unsittlichkeiten und das verbotswidrige Rauchen in demselben'. 36 Stunden Arrest gab es für die Anhänger des blauen Dunstes, ein anderer mußte für 24 Stunden hinter Schloß und Riegel, weil er von der Galerie seinen Kautabaksaft auf den Boden gespuckt hatte, was in den darunter befindlichen Logen übel vermerkt wurde.

Auch auf der Bühne ging es nicht immer so zu, wie es zu wünschen gewesen wäre. Am 22. Oktober 1820 fand vor überfülltem Haus (1200 Personen bei 870 vorgesehenen Plätzen!) eine recht schluderige Aufführung statt, die den Unwillen des Publikums erregte, weil die Schauspieler ihre Rollen offensichtlich nur mangelhaft einstudiert hatten. Als beim Schluß des 1. Aktes versehentlich der Vorhang zu früh fiel, kam es vor den Augen der Zuschauer zu Handgreiflichkeiten zwischen Regisseur und Souffleur...

1881 schreckte der katastrophale Brand des Ringtheaters in Wien die Behörden auf. Allerorten wurden jetzt energische Maßnahmen zur Feuersicherheit öffentlicher Bauten gefordert. Daher waren – spätestens seit einer Ministerialentschließung über "Bau- und Feuersicherheit der Theater und sonstigen Versammlungslokale" von 1897 – die Tage des Fürther Theaters gezählt. Im Juni 1903 fand das alte Theater ein unrühmliches Ende: Ein Nürnberger Bauunternehmer, der das Gelände zum Quadratmeterpreis von nur 4 RM erworben hatte, ließ das Gebäude abbrechen und an seiner Stelle drei Wohnhäuser errichten. Lediglich der Name der "Theaterstraße" erinnert noch daran, daß hier 86 Jahre lang Theater gespielt wurde. Bereits 1901 waren jedoch zwei Wiener Architekten mit dem Bau des neuen Theaters am Hallplatz beauftragt worden. Nach seiner Eröffnung am 17. 9. 1902 begann eine Blütezeit des Fürther Theaters. Der festliche Bau erhielt auch einen starken Zustrom von Nürnbergern, der erst wieder nachließ, als dort 1905 das neue Opernhaus am Ring in Betrieb genommen wurde.

1933 lief der Theatervertrag zwischen den Städten Nürnberg und Fürth ab. In Nürnberg wäre man unter der Bedingung, daß der Fürther Zuschuß geringfügig erhöht wird, zu einer Verlängerung bereit gewesen, in Fürth aber regte sich der Wunsch nach Selbständigkeit. Man wollte Schauspiel und Operette in eigene Regie nehmen und die Pflege der Oper durch die Verpflichtung von Gästen ermöglichen. So geschah es, und der damalige Oberbürgermeister hoffte, es werde gelingen, 'ein dem deutschen Geist und deutscher Kultur würdiges Fürther Kunstinstitut zu schaffen'...

Im Herbst 1944 machte der totale Krieg dem Theaterleben überhaupt und damit auch der Fürther Theater-Selbständigkeit ein Ende.

Nach dem Zusammenbruch von 1945 war das Schauspielhaus am Lorenzer Platz zerstört, das Opernhaus am Ring beschädigt und das Fürther Stadttheater von der Besatzungsmacht beschlagnahmt...

Am 31. 8. 1970 lief der Theatervertrag zwische Nürnberg und Fürth [ein weiteres Mal] aus. Gerne wäre man in Nürnberg bereit gewesen, ihn unter der Voraussetzung eines höheren Fürther Zuschusses zu erneuern. Wieder ging man in Fürth einen eigenen Weg, aber einen anderen als 1933 und aus anderen Motiven. Die Verbindung der Bühnen beider Städte, die über ein Jahrhundert bestanden hatte, wurde nicht aus dem Wunsch nach dem eigenen Theater gelöst. Dies wäre mit einem eigenen Ensemble wie 1933 der Fall gewesen, aber daran hätte niemand gedacht, sondern gerade an eine Alternative dazu in der Form des Gastspielbetriebs...

Soweit ich diese Nürnberg-Fürther Theatergeschichte verstanden habe, darf ich sie hier in kurzen eigenen Worten wiedergeben und versuchen, die Ereignisse zu interpretieren:

Der ewige Nürnberg-Fürther Zoff hat sich auch in der gemeinsamen Theatergeschichte niedergeschlagen. Angefangen hat es in Fürth ja mit Hilfe eines aus Nürnberg weggegangenen Schauspielers – das hatten wir ja schon öfter – in den Kapiteln über die aus Nürnberg vertriebenen Handwerker und Juden, die dann von Fürth aus den Nürnbergern kräftig Konkurrenz machten. Der Nürnberger Rat sah es nicht gern, daß Fürth nun partout auch mit einem eigenen Theaterbetrieb anfangen wollte – und versuchte mit Erfolg, die wandernden Schauspieler von Fürth fernzuhalten.

Bezeichnend für die seit jeher leichtere und unkompliziertere Art des Herangehens der Fürther an neue Vorhaben war die Durchsetzung des ersten Theaterbaus in Eigeninitiative. Dies geschah natürlich und unter Umgehung der Genehmigungsvorbehalte seitens seiner drei Herren – wir haben ja an anderer Stelle schon den Ausspruch gelesen: "Was war den Fürthern eine Behörde noch wert?" – also haben sie sich beim Bau nicht viel um eine Genehmigung geschert, wußten sie doch, daß sich ihre drei Herren – wie schon so oft vorher – doch wieder einmal nicht würden einigen können!

Auch entsprach es wohl der heiteren und lockeren Art der Fürther, daß ihr Theater – anders als in Nürnberg – vorwiegend "ein Ort volkstümlichen Vergnügens" war. Die geschilderten lustigen Zustände bei manchen Aufführungen in Fürth sprechen dafür.

Als die Theaterverträge zwischen den Nachbarstädten – 1933 und zuletzt 1970 – ausliefen, da waren es wieder einmal Gründe, die eine weitere Zusammenarbeit beider behinderten, die wir in ihrer Art auch bereits weiter oben schon kennengelernt haben: Da war, als es um die maßvolle Erhöhung des finanziellen Fürther Beitrags ging, sofort wieder der Argwohn der Fürther da, man werde von den Nürnbergern übervorteilt. Außerdem kam erneut die berühmte Fürther Sturheit und Eigenbrötelei zum Vorschein – man wollte (1933) ein eigenes Ensemble haben.

Ähnliche Gründe waren es ja 1970, als die Fürther nicht dem Wunsch der Nürnberger nachkamen, mehr für den gemeinsamen Theaterbetrieb zu zahlen – und diesmal entschieden sie sich für den Gastspielbetrieb.

Die Rolle des Fußballsports in Nürnberg-Fürth

Daß der Fußballsport die gegenseitige Abgrenzung der beiden Nachbarstädte noch zusätzlich verschärfte, dafür konnte ich einige Hinweise finden. Zwei davon möchte ich hier am Beginn des für Nürnberg und Fürth so großen und wichtigen Kapitels Fußball wiedergeben:

..."Mit dem Aufkommen des Fußballsports um die Jahrhundertwende entstanden im 1. FCN und in der Spielvereinigung Fürth zwei Fußballvereine, an deren Rivalität sich Nürnberger und Fürther gleichermaßen erwärmen oder gar erhitzen konnten." (Hanschel, S. 107)

..."Vor allen Dingen die alteingesessene Fürther Bevölkerung wehrte sich aus gefühlsmäßigen Erwägungen gegen einen Zusammenschluß mit Nürnberg. Hierbei spielte auch die Fußballbegeisterung der Fürther eine Rolle." (Schnittger, S. 85)

Die ergiebigste und am spannendsten verfaßte Abhandlung dieses Fußballkapitels fand ich beim bekannten Sportjournalisten Hanns Schödel alias Peter Luginsland. Ihn und seine "Erinnerungen eines Sportjournalisten", 3. Band, "Das war'n halt noch Zeiten!" möchte ich im folgenden hauptsächlich bemühen, um das eifersüchtige Gegeneinander der beiden Nachbarstädte aus der Sicht des Tornetzes zu beleuchten. Lassen wir also einen reden, der sich an die goldene Zeit seiner Jugend im Nürnberg der Jahrhundertwende erinnert:

..."Nürnberg-Fürth war die sogenannte Fußball-Hochburg ... Es war wie ein Wunder, daß ausgerechnet die beiden besten Fußballmannschaften Deutschlands nur wenige Kilometer voneinander wohnten und die beiden besten Torleute aufzuweisen hatten: Heiner Stuhlfauth und Teddy Lohrmann. Das können sich unsere Fans von heutzutage gar nicht mehr vorstellen, daß eine deutsche Ländermannschaft nur aus Nürnberg-Fürthern bestand und ohne diese beiden Städte kein richtiges Team zusammengekommen wäre ... auf jeden Fall wurde damals in Nürnberg-Fürth der zweckmäßigste und schönste Fußball gespielt, der sich in allen Weltstädten sehen lassen konnte und den im übrigen Deutschland die Neider nur mit Mißgunst beobachteten und kritisierten." (S. 25 f)

Ein paar Seiten weiter geht es bei Hanns Schödel aber schon näher zur Sache, d. h. zum altbekannten Nürnberg-Fürther Zoff:

"Und weil die Nürnberger einen der besten Torleute Europas hatten, mußten die Fürther auch mithalten, und der Hans Höfer und der Präsident Wolfsgruber taten alles, um den Nürnbergern damit den Rang abzulaufen und so holten sie sich den Teddy Lohrmann aus Heidelberg, der ebenso wie sein Double auf der Nürnberger Seite wie ein Heldendenkmal im Fürther Tor stand und beinahe jede Chance der Gegner im Keim erstickte." (S. 28)

Das Nürnberg-Fürther Fußball-Derby

..."waren das halt noch Zeiten, denn wenn der 1. FCN und die Spielvereinigung Fürth – meistens während der Fürther Kirchweih – zusammentrafen, dann war in der Doppelstadt der Teufel los. Wochenlang vorher wurde schon debattiert und gestritten und gewettet und je näher der Tag rückte, desto erregter wurden die Fans...

Wochenlang vor dem berühmten Kärwa-Spiel in Fürth erhitzten sich die Gemüter und in den Wirtschaften und Cafes wurde nur noch vom Derby gesprochen. Und wenn dann der große Tag heranrückte, sorgten die Verantwortlichen der Ludwigsbahn, Straßenbahn und Reichsbahn ordentlich vor, auf daß die Massen termingerecht zum Schlachtfest transportiert werden konnten, denn sie hatten alle Reserven mobilisiert: die ältesten Straßenbahn-Veteranen wurden aufgeboten und die Ludwigsbahn lieh sich von der Reichsbahn die größten Wagentypen aus, die es damals gab... Und so fuhren stundenlang überfüllte Straßenbahnzüge und Ludwigsbahn-Sonderzüge unentwegt gen Fürth, bis die Fußballhungrigen alle untergebracht und verfrachtet waren, denn beim Anstoß mußten sie alle dabeisein können, denn sonst war dicke Luft bei den Fußballfans von Nürnberg.

Tatsächlich erhitzten sich die Gemüter auf der Tribüne und auf den Stehrängen während eines solchen Lokalderbys derart, daß die Folgen nicht ausblieben...

‚Ich [H.Schödel] erinnere mich noch ganz gut an die Zeiten vor dem ersten Weltkrieg, als noch das kleine Poppenreuther Wäldla stand, in dem nach dem Spiel erbitterte Kämpfe zwischen Nürnberger und Fürther Fußballanhängern ausgetragen wurden, und ihr Schlachtruf war weithin bekannt:

'Wart'na, im Poppenreuther Wäldla kröing ma eich scho!'

Das Unangenehmste war der weite Anmarschweg von der Straßen- und Ludwigsbahn bis nach Ronhof zum Spielplatz der Spielvereinigung. Ganze Heerschlangen wälzten sich stundenlang über die Rednitzbrücke [Einspruch – Euer Ehren Schödel: Karlssteg und Ludwigsbrücke] bis nach Ronhof – und der Gegenverkehr der Fußgänger hatte keine Chance, weiterzukommen, solange der Zustrom der Nürnberger Invasion anhielt...

Wenn dann das Spiel zu Ende war, und die stürmischen Rufe der Zuschauer aus dem Ronhof verhallt waren, formierten sich die Massen zum Rückmarsch in die Stadt, in der sie heute noch länger bleiben wollten, weil nämlich Kärwa war und die Familien inzwischen nachgekommen waren und entweder am Rathaus oder am Stadttheater standen, um ihre Mannsleute zu erwarten.

Und dann ging es zum Volksfest der Franken in die Fürther Innenstadt: Jubel, Trubel und unentwegte Heiterkeit auf der ganzen Linie – und wenn der Club das Derby gewonnen hatte, gab es einen furchtbaren Durscht zu bewältigen, was man im Geismannsaal, beim Langmann und in all den vielen und schönen Bierlokalen rings um den Ludwigsbahnhof auf gemütliche Art und Weise tun konnte. Allerdings zum Langmann – jahrelang die Hochburg der Kleeblättler – gingen die Nürnberger Schlachtenbummler nicht gerne, denn man besucht nicht freiwillig die Höhle des Löwen..." (S. 84 ff, 87 ff)

Da ich – Stössel – ja ganz nahe beim Fürther Ronhof aufgewachsen bin – nämlich in der Alten Reutstraße, kann ich aus eigenem Erleben bestätigen, daß das für uns Buben aus der Gegend ein ganz großes Erlebnis war – wenn der Club gegen die Spielvereinigung spielte: da mußten wir natürlich auch mit dabeisein! Meistens sind wir über die Bretterzäune der zum alten Kanal hin gelegenen B- und C-Plätze der Spielvereinigung geklettert – halt "gschlupft" – wie wir das damals nannten...

"Die Stadtgrabenliga"

"Sie gehörte keinem Verein an und spielte sozusagen schwarz, aber sie hatte einen ausgezeichneten Ruf in der Sportwelt und gar mancher der Stadtgrabenliga genoß jahrelang später den Ruf, ein ganz bedeutender Fußballer geworden zu sein... Und so wimmelte es nachmittags im Straßengraben vor lauter Kandidaten der höheren Fußballzunft...

Am wildesten ging es im Stadtgraben am Spittlertor zu, allwo die Gostenhiefer tagtäglich ihre große Schau abzogen und ihre Bälle sogar vom offiziellen Spielplatz bezogen, der dort jahrelang etabliert war. Da wurden die Großkämpfe zwischen Nürnberg und Fürth beinahe im Original nachgemacht und der Plärrer hallte vom Kriegsgeschrei der Gostenhofer Buben wider, wenn sie dem Lohrmann oder dem Stuhlfauth ein Tor hineingeballert hatten, daß sich die Zaunbalken bogen, denn das Tor befand sich vor dem Gartenzaun, der den Spielplatz abschloß...

Wer jemals diese wilden Kämpfe um einen oft elenden, zusammengebastelten Fußball bewundern durfte, versteht erst richtig, warum Nürnberg und Fürth im Fußball so weit gekommen waren, daß sie einmal gegen Österreich [und 1924 gegen Holland!] sogar die ganze Nationalelf stellen durften... In Nürnberg-Fürth kicken seit Jahrzehnten alle Mannsbilder irgend etwas auf der Straße – und wenn es nur ein Papierball ist, der ihnen vor die Füße kommt, denn Fußball liegt ihnen allen im Blut und Fußball ist ihr Leben... (S. 146 ff, 149 f)

Und an anderer Stelle resümiert Hanns Schödel:

"Ja, es stimmte schon: Beinahe 15 Jahre lang war der Kontrapunkt des deutschen Erfolgsfußballs in Mittelfranken, und zwar in den beiden benachbarten Städten Nürnberg und Fürth... Was aus Nürnberg-Fürth kam,war allererste Klasse und das Ansehen stieg auch im Ausland von Jahr zu Jahr. Die Berichte aus Nürnberg-Fürth nahmen eine Sonderstellung in der deutschen Presse ein und die Journalisten aus diesen Städten waren allerorts sehr gefragt..." (S. 159)

Lebte die Fußball-Hochburg Nürnberg-Fürth aus der Rivalität ihrer beiden Vereine?

Auch an einigen Textstellen und Darstellungen aus den Vereins-Chroniken und Jubiläumsfestschriften läßt sich die Rivalität der beiden Vereine immer wieder ablesen – wie z. B. In der "75 Jahre Spielvereinigung Fürth"-Festschrift der Vereinszeitung "Die Kleeblättler", die von den ersten Spielbegegnungen der Mannschaften beider Städte erzählt – hier einige Passagen, die mir besonders gefielen:

"0 :15! Mit dieser bösen 'Packung' endet im herben Herbst 1902 auf dem holprigen Schießanger das erste 'Lehrspiel' zwischen einem Aufgebot der Faustballer-Fußballer vom 'Turnverein Fürth 1860' und einer schon selbstbewußt auftrumpfenden Elf des im Mai 1900 gegründeten 1. FC Nürnberg...

Im November desselben Jahres 1902 bahnt sich bereits – wiederum auf dem huckligen Schießanger – eine willkommene Revanche an, denn die mutigen Mannen aus Fürth erzielen gegen den 'Club' den Führungstreffer. Leider sind die Wettergötter schlecht gelaunt und lassen ein wildes Schneegestöber über den Platz fegen, so daß das Treffen schon in der ersten Halbzeit – beim wunderschönen 1:0 – abgebrochen werden muß...

Am 19. März 1903 kommt es dann – abermals auf dem Fürther Schießanger – zum ersten regulären Wettspiel zwischen den beiden Fußball-Nachbarn: die Herrschaften von nebenan dulden keinerlei Pardon und überfahren die tapferen Fürther mit 11:0 Toren...

Und am 6. Dezember 1908 gelingt auch an der Vacher Straße der heiß ersehnte erste Einstand in der nachbarlichen Rivalität mit dem Nürnberger 'Club': die mit höchster Spannung erwartete Partie endet 3 : 3."

Die Spielvereinigung wird bereits 1914 Deutscher Meister

Hier noch ein Zitat aus der oben genannten Jubiläumsschrift der "Kleeblättler":

"Und dann rückt das weltgeschichtlich hochexplosive Jahr 1914 herauf, in dessen Verlauf die Spielvereinigung Fürth mit über 3000 Mitgliedern zum größten deutschen Sportverein avancierte und in dem zum drittenmal die Ostkreis-Meisterschaft, zum ersten Mal auch die Süddeutsche Meisterschaft gewonnen wird – und der Pfingstsonntag des 31. Mai der Mannschaft mit dem glückbringenden Kleeblatt in Magdeburg noch die Krone beschert, die Deutsche Fußballmeisterschaft 1914!" 1914, nach nur 11 Jahren Vereinsgeschichte, waren die Kleeblättler also die beste deutsche Mannschaft geworden – dank ihres Trainers William Townley, früher Spieler bei den Blackburn Rovers,den man aus England, dem Mutterland des Fußballs, herübergeholt hatte. Dieser Townley hatte den Fürthern den schottischen Flachpaß beigebracht, der ihr Markenzeichen werden sollte.

Überläufer zum jeweiligen "Erbfeind"

Wie Hanns Schödel an anderer Stelle seines Buches "Das war'n halt noch Zeiten!" berichtet, gab es zwischen den beiden Vereinen auch einige ganz delikate Spielerwechsel, die auf das nachbarliche Nebeneinander der beiden Vereine nicht gerade entspannend wirkten.

Demnach wechselte im Frühjahr 1919 Lony Seiderer, einer der brilliantesten deutschen Mittelstürmer, vom Club zu den Fürthern, weil er sich von seinen Club-Mitspielern sabotiert fühlte – sie gaben ihm keinen "Balln" mehr... "Und wenn er einmal den 1. FCN in einer schwachen Stunde erwischte, dann gab es keine Gnade für den Erbfeind aus Nürnberg, woher er selbst stammte, und die Rache wurde bis auf den Grund ausgekostet...

Der Lony konnte zwar den unaufhaltsamen Siegeszug des Clubs nicht abstoppen, aber er hielt mit seinen Mannen immer kräftig in den Endrunden mit und holte sich zwei deutsche Meisterschaften." (S. 134 ff)

"Justament in dem Jahr 1920, als der 1. FCN seine erste Meisterschaft sich ausgerechnet von dem Nachbarn Spielvereinigung Fürth in Frankfurt holte, wanderte der Sutors Hansl zum Erbfeind Nürnberg ab, und die Nürnberger hatten dabei keinen schlechten Fang gemacht, denn der Sutor spielte als Linksaußen einen höchst eleganten Fußball... so daß auch sehr bald die Gewaltigen des deutschen Fußballs auf ihn aufmerksam wurden und binnen einiger Jahre brachte es der Hansl auf zwölf Berufungen in die deutsche Nationalelf, was zuvor keinem Nürnberg-Fürther Stürmer-As gelungen war. So ganz nebenbei holte sich der Sutors Hansl vier deutsche Meisterschaften mit seinem Club, was genauso beachtlich war wie seine 12 internationalen Spiele...

Kein Wunder, daß die internationale Sportpresse Anno 1922 den Sutor bei der Abstimmung über die 11 Weltbesten auf den Linksaußenposten setzten, eine Ehre, die nicht leicht einem deutschen Stürmer widerfuhr." (S. 173 f)

Deutsche Fußballmeisterschaft 1920: eine reine Nürnberg-Fürther Angelegenheit

Zu diesem Spiel fand ich eine sehr schöne Textstelle in der Ausgabe "Die Kleeblättler, 75 Jahre Spielvereinigung Fürth", wo es u. a. heißt:

"Theo Riegler berichtet in seinem Buch 'Als Stuhlfauth noch im Tor stand' vom Frankfurter Endspiel unter anderem: 'Die Menschen sind wie von einem epidemischen Fieber befallen. Zum ersten Mal werden zu einem Fußballspiel Sonderzüge der Reichsbahn eingesetzt...

Ganz Deutschland ist in zwei Lager gespalten: hie Nürnberg – hie Fürth! – Als sich die Spieler außerhalb des Platzes in einer Bretterbude umkleiden, ereignet sich eine originelle Episode: die beiden Kabinen sind durch eine Steinmauer voneinander getrennt, aber der linke Läufer der Nürnberger – Carl Riegel – findet bald heraus, daß in der Mauer unter der Decke ein Ofenloch ist, durch das man die Fürther beobachten kann, ohne selber gesehen zu werden.

Riegel steigt auf einen Stuhl und sieht durch das Loch, wie sich einige Fürther die Schnürsenkel zubinden."Däi gwinna net!" flüstert Riegel triumphierend seinen Kameraden zu, 'schaut ner hie, wäi däi zittern!'

"Und Hanns Schödel berichtet von dem legendären Spiel:

"Es war ein wunderschöner Monat Juni im Jahr des Heils 1920, als die Nürnberger auszogen, um ausgerechnet mit ihrem nächsten Nachbarn, der Spielvereinigung Fürth, die erste deutsche Meisterschaft nach dem ersten Weltkrieg in Frankfurt auszutragen...

Wir fuhren direkt zum Ort des aufregenden Geschehens, und zwar zum Platz des FSV... Der Platz war schon knüppelvoll, als wir endlich ankamen. Ich passierte mit meinem Club-Presseausweis die Sperre und suchte verzweifelt nach der Pressetribüne. Ein jovialer Mann bedeutete mir, daß sie sich auf einem offenen Laderswagen, der jedoch keine Pferde dranhatte, befinden sollte. Als wir vor der ‚Pressetribüne' ankamen – sie stand rechts vor der Haupttribüne – sahen wir, daß sie völlig ausverkauft war. Es standen auf dem hohen Podest einige Dutzend Personen und in vorderster Position mehrere Reichswehroffiziere mit ihren Damen. Als meine Pressekarte keine nachhaltige Wirkung auf die Herrschaften ausübte, blies ich zum Sturmangriff und wir eroberten uns mit einem wilden Sprung die vordersten Plätze. Der Empfang war zwar nicht sehr freundlich, aber das war uns vollkommen gleichgültig, denn ich mußte ja etwas sehen, wenn mein Club im härtesten Kampf seines zwanzigjährigen Bestehens stand. Schreiben konnte ich nichts, denn wir standen mit der Reichswehr in schärfster Tuchfühlung, aber ein Zipfelchen vom Platz konnten wir immer noch ganz gut sehen. Und plötzlich erscholl wildes Siegesgeschrei von den dichtbesetzten Rängen: 'Petär' Szabo hatte die 1:0-Führung herausgeschossen. Die Stimmung stieg weiter bis zum Siedepunkt, und als der Popps Boitl – alias Luitpold Popp – mit einem kernigen Drehschuß das 2:0 herstellte, war es um die armen Fürther geschehen ..." (S. 11 ff)

1924 in Holland – Höhepunkt der Nürnberg-Fürther Fußball-Haßliebe

Das Länderspiel Deutschland-Holland im Jahr 1924 zeigt auf geradezu kuriose Weise, daß sich die Nürnberger und Fürther damals nicht "grün" waren.

In der Vereinszeitschrift "Kleeblättla", Ausgabe 2/90 erzählt Georg Mentlein diese sagenhafte Geschichte unter der Überschrift "Es war einmal ..."

"Es war im Jahre 1924, als am 21. April in Amsterdam das Länderspiel Holland gegen Deutschland stattfand. Dieses Spiel wurde – was heute fast wie ein Märchen klingen mag – ausschließlich von Spielern der SpVgg Fürth (6) und des 1. FC Nürnberg (5) bestritten, es handelte sich somit um eine reine Städtemannschaft Fürth/Nürnberg! Es endete 0:1 – das siegbringende Tor erzielte der Fürther Auer – er spielte als Rechtsaußen – per Kopfball. Eine Kuriosität am Rande jenes Spieles: Die Mannschaft reiste nicht zusammen nach Amsterdam, sie wurde auch getrennt untergebracht! Man war sich zur damaligen Zeit nicht ganz 'grün' in beiden Lagern – man spielte gemeinsam und anschließend fuhr man wieder schön getrennt in die fränkische Heimat zurück. Warum das so war, ist nicht restlos geklärt worden. Jedenfalls hatten 6 Fürther und 5 Nürnberger Deutschland vertreten und zu weiterem Ruhm der Fußball-Hochburg Fürth/Nürnberg beigetragen."

Daß allerdings jede der beiden Teil-Mannschaften in ihren vereinseigenen Stutzen eingelaufen sein soll – wie mir ein älterer Nürnberger Fußballanhänger erzählte – dafür konnte ich im Verlauf meiner Recherchen keine Bestätigung erfahren. Zuzutrauen wäre es den

Kickern – in Anbetracht des damaligen angespannten Verhältnisses zueinander – vielleicht gewesen, aber – so sagte mir Georg Mentlein zu dieser Geschichte -"man kann sich nicht recht vorstellen, daß der DFB – auch damals schon – so etwas zugelassen hätte."

"Eher wird der Papst evangelisch..."

Wie ich – Stössel – unlängst vom Nürnberger Journalisten und Witzbold Klaus Schamberger erfahren konnte, gibt es noch heute Belege für das angespannte Verhältnis beider Vereine: so soll in einer Mitgliederversammlung der SpVgg Fürth vor einigen Jahren, als es um die Frage der Trainingsmöglichkeiten für die Fürther Spieler nach dem Verkauf der Sportanlagen im Ronhof ging, jemand vorgeschlagen haben, man könne ja beim Club anfragen – die hätten doch genug Plätze, um auch die Fürther trainieren zu lassen...

Darauf soll ein Vorstandsmitglied gemeint haben:

> "Eher wärd der Baabsd evangelisch, als daß di Schbillvereinichung ban Glubb drännierd!"

Und hier der "blöde Spruch" für dieses Kapitel, den man noch heute überall in Nürnberg an jedem Spielfeldrand hören kann:

> "Wos schbilldn där fieran Schdobbfer zamm – ?
> Där is gwieß vo Färdd!?"

Letzter Eingemeindungsversuch – im Dritten Reich

Die Fürther wurden erst gar nicht gefragt...

Wie der Nürnberger Historiker Dr. Hans Ott berichtet, fand der letzte – und makaberste – Versuch, Fürth nach Nürnberg einzugemeinden, in den Jahren 1939 und 40 statt: Es fehlte nur noch die Unterschrift Adolf Hitlers, dann wäre Fürth zu Anfang 1940 handstreichartig nach Nürnberg eingemeindet worden. Aus einem Interview mit Hans Ott Anfang 1991 darf ich hier seine Ausführungen mit meinen Worten zusammenfassen:

Der Nürnberger OB Liebel hatte "direkten Draht" zu Hitler

Dieser Eingemeindungsvorschlag kam Ende 1939 vom damaligen Nürnberger OB Willy Liebel, der sehr gute persönliche Beziehungen zu Hitler hatte. Liebel wollte die Gunst der Stunde nutzen, als Franz Jakob, Fürther OB seit 1933, vom Danziger Gauleiter Albert Forster als Landrat nach Thorn in Westpreußen berufen wurde. Damit war die Stelle des Fürther OB zunächst vakant. Liebel machte daher bei Hitler den Vorstoß, man möge ihn kommisarisch mit der Führung der Amtsgeschäfte des Fürther OB beauftragen – zunächst als Alternative zur Eigemeindung Fürths nach Nürnberg.

Da Hitler den überaus ehrgeizigen Nürnberger OB und NSDAP-Fraktionsvorsitzenenden Liebel schätzte, konnte dieser persönliche Wünsche und Anregungen unter Umgehung des Dienstweges direkt an ihn selbst vorbringen. Liebel konnte also sich reelle Chancen ausrechnen, die Zustimmung des Reichskanzlers zu einem der beiden Vorschläge zu erhalten. Auf diese Weise ersparte Liebel es sich auch, die ahnungslosen Fürther Bürger über seine rigorosen Pläne mit ihrer Heimatstadt zu informieren – wußte er doch, daß diese 1922 den Eingemeindungsbestrebungen seitens Nürnberg eine deutliche Abfuhr erteilt hatten. Diesmal sollten die Fürther erst gar nichts wissen davon, daß man Fürth mit Zustimmung des Führer-Hauptquartiers einfach kassieren wollte...

Überraschenderweise zögerte Hitler, Liebels Wünsche bezüglich Fürth zu erfüllen und entschied im Februar 1940, daß er während des Krieges weder eine Eingemeindung Fürths nach Nürnberg, noch eine kommissarische Verwaltung der Stadt Fürth durch Liebel wünsche.

Es fällt schwer, zu glauben – so Hans Ott -, Hitler habe aus staatsmännischem Verantwortungsbewußtsein den Fürther Bürgern das bittere Los ersparen wollen, einen seiner rücksichtslosesten Parteifreunde als OB zu bekommen.

Zusammenhang mit dem Sturz Streichers?

Nach Hans Ott gibt es vielmehr einige Indizien für die Annahme, daß ein Zusammenhang besteht zwischen der Ablösung des Gauleiters von Franken, Julius Streicher – und Hitlers Entscheidung gegen Willy Liebel.

Nur wenige Tage vor Hitlers Bescheid an Liebel war eine wichtige Entscheidung gegen Streicher gefallen: Das oberste Parteigericht der NSDAP hatte ihn nach einem viertägigen Verfahren als "zur Menschenführung ungeeignet" erachtet. Hitler entschied daraufhin, Streicher habe sich auf sein Gut Pleikershof bei Cadolzburg zurückzuziehen. Eine förmliche Absetzung des Gauleiters erfolgte nicht – Hitler war offenbar bemüht, seinen Duzfreund Julius zu schonen, der sich stets als treuer Gefolgsmann erwiesen – und daher bei ihm nahezu uneingeschränkte Narrenfreiheit gehabt hatte.

Der sachliche Zusammenhang zwischen der Ablösung Streichers und der Entscheidung Hitlers gegen Liebel wird erkennbar, wenn man sich vergegenwärtigt, daß der Nürnberger OB – zusammen mit dem Nürnberger Polizeipräsidenten Benno Martin – seit Jahren in einen ungewöhnlich intrigen- und fintenreichen Kampf auf den Sturz Streichers hingearbeitet hatte. Die beiden hatten jahrelang ihre guten Beziehungen in Berlin genutzt, um "hohe und höchste Stellen" über Streichers Eskapaden zu unterrichten. Lange Zeit hatte keiner der führenden Nationalsozialisten einen Konflikt mit Hitlers Duzfreund Julius riskieren wollen. Das änderte sich erst, als eine vom Ehepaar Liebel vorgebrachte Rede Streichers den Zorn Görings erweckte: Die Liebels hatten Streicher beschuldigt, er habe behauptet, Edda Göring sei nicht Hermann Görings leibliche Tochter; sie sei vielmehr künstlich gezeugt worden. Natürlich war Göring zutiefst gekränkt und entschlossen, dem "Frankenführer" diese üble Nachrede heim-

zuzahlen. Zusammen mit Rudolf Heß setzte er schließlich den Sturz Streichers durch – gegen die Bedenken Hitlers und gegen den Widerstand der Gauleiter. Damit war nun das vollendet, was Willy Liebel und Benno Martin schon seit Jahren betrieben hatten.
Freilich hatte Liebel wohl nicht erkannt, daß Hitler daraufhin tiefe Ressentiments gegen ihn und seine Frau hatte, ja haben mußte: Da nun Liebel durch jahrelanges Intrigieren gegen Streicher schließlich dessen Sturz erreicht hatte, rächte sich Hitler nun offenbar an Liebel dafür, daß er seinen Duzfreund Julius hatte aufgeben müssen...
Überhaupt war Liebel wohl das freundschaftliche Verhältnis zwischen Hitler und Streicher nie so recht bewußt geworden. Er konnte daher auch nicht verstehen, warum Hitler seinen Fürther Plänen die Zustimmung versagte. Hätte nämlich Hitler damals der Eingemeindung Fürths nach Nürnberg zugestimmt, dann hätte sich der Machtbereich des Nürnberg-Fürther OB Liebel Streichers Gut Pleikershof bei Cadolzburg bis auf wenige Kilometer genähert: das wollte Hitler seinem Duzfreund Julius nicht antun – und schließlich sollte auch die ehrgeizige [d.h. streitsüchtige] Else Liebel keine Gelegenheit mehr bekommen, Streichers Ehefrau zu kränken. Wenngleich Adolf Hitler auch versuchte, seinen Groll gegen den Nürnberger OB zu verbergen, so wünschte er wohl doch, daß man Liebel unauffällig dazu bringen solle, Franken für immer zu verlassen.

Nur so ist wohl zu erklären, weshalb Martin Bormann 1943 dem Nürnberger OB die Möglichkeit bot, Gauleiter von Wien zu werden. Doch Liebel lehnte ab.

Bliebe an dieser Stelle nur noch zu erwähnen, welche Einstellung Willy Liebel gegenüber der Stadt Fürth hatte:

"Liebel hat offiziell nie in Fürth gesprochen. Er war überzeugt davon, daß Fürth nichts eigenes war und keine eigene Stadtregierung hatte." (Hans Ott)

Auch eine Äußerung Adolf Hitlers über Willy Liebel (gegenüber Himmler und Goebbels), die Hans Ott in diesem Zusammenhang ausgegraben hat, erscheint aufschlußreich:

"Die Fürther bezeichnet er als Schmarotzer und findet tausend Gründe dafür, daß die Fürther die Stadt Nürnberg betrügen. Wenn es nach ihm ginge, würde die Stadt mindestens eingemeindet, wenn nicht ausgerottet."

So bleibt als Ergebnis festzuhalten, daß die Stadt Fürth Anfang 1940 einer Eingemeindung nach Nürnberg nur ganz knapp entging.

Es entbehrt nicht einer gewissen Ironie, daß ausgerechnet Adolf Hitler dies verhindert hatte und in dieser Weise zum "Schutzpatron" für die Fürther wurde.

Das Ansehen der Stadt Fürth bei den Nazis

Weiter findet sich bei Hans Ott der Hinweis, daß das Ansehen der Stadt Fürth bei führenden Nationalsozialisten nicht sehr groß gewesen sein könne, denn 1942 wurden die wenigen noch in Nürnberg lebenden Juden nach Fürth abgeschoben, um Nürnberg, die "deutscheste aller Städte" – "judenfrei" zu machen. So hieß Fürth bei den Nationalsozialisten "das bayerische [oder auch fränkische] Jerusalem".

Auch aus einem anderen Bericht, den Hans Ott mir gegenüber in einem Interview erwähnte, klingt diese geringschätzige Art der Nazis gegenüber Fürth heraus. Am 20. April 1945 erlosch in Nürnberg der letzte Widerstand gegen die in vieler Hinsicht überlegenen Amerikaner. Nachdem am Vortag Fürth den amerikanischen Truppen kampflos übergeben worden war, meldete der Nürnberger Flaksender: "Fürth hat schmachvoll kapituliert; Nürnberg hält sich... die Schmach der Stadt Fürth aber wird für alle Zeiten in die Geschichte eingehen."

Die "Kristallnacht" in Fürth

Über das letzte Kapitel der Nazi-Herrschaft in Fürth darf ich hier eine Zusammenfassung der Ereignisse geben, die ich in der Sondernummer der "Fürther Freiheit" über die "Kristallnacht" in Fürth berichtet fand:

Das NS-Regime bereitete auch der Fürther jüdischen Gemeinde, einer der bedeutendsten in Deutschland, ein entsetzliches Ende mit Verhaftungen und Deportationen. Die Israelitische Realschule wurde geschlossen, der Judenfriedhof geschändet. In der "Kristallnacht" des 8. November 1938 wurden die alte und die neue Synagoge in Schutt und Asche gelegt, woran Franz Jakob als OB nicht ganz unbeteiligt war.

Dennoch bleibt hier anzumerken, daß Fürth z. B. von den Luftangriffen des zweiten Weltkriegs – im Gegensatz zu Nürnberg – kaum beschädigt wurde: Fürth gehört zu den ganz wenigen Städten mit heute über 100.000 Einwohnern, die den Zweiten Weltkrieg so gut wie unbeschadet überstanden haben. Fürth erlebte zwar auch Bombenangriffe – wie z. B. den vom 25. Februar 1944 durch amerikanische Bomberverbände.

Die Schäden blieben jedoch im wesentlichen auf einige Häuser in der Königswarter Straße, auf die Wehlauer Straße, auf die Südseite von Unterfarrnbach und auf die Flugzeugwerke Bachmann & von Blumenthal auf der Haardt – die frühere Eisenbahnwaggon-Fabrik – beschränkt.

So jedenfalls habe ich es von Fürther Bürgern erfahren.

Am Rande notiert

Die folgenden Geschichten und Geschichtchen sind mir beim Studium meiner Quellen für dieses Buch begegnet. Sie sollen hier nur so nebenbei erzählt sein.

Die Fürther Kirchweih

"An elf Tagen des Jahres kennen sie wirklich alle einander: während der Kirchweih. Da sind sie einander gleich, der Schlosser und der Generaldirektor und der Straßenbahnschaffner, der Oberbürgermeister und alle Stadträte und Oberinspektoren. Alle essen sie die gleichen Bratwürste und Heringe und trinken mit gleichem Durst das gleiche Bier, ja – sie singen die gleichen Lieder. Wer einen Stolz hat, läßt ihn nicht merken. Die Stadt ... hält eine große brüderliche (und schwesterliche) Dorfkirchweih mitten auf den Straßen der Stadtmitte ab, und der Charme der kirchweihlichen Fürther vermag sogar das Gemüt der Gäste aus Nürnberg, Erlangen, Schwabach, Bamberg, Neustadt, Weißenburg, Würzburg und München ins Fürtherische einzuschmelzen." (Schwammberger III, S. 3)

Die Fürther Kirchweih:

Sie verdient hier eigene und ausführliche Erwähnung – am Ende dieser Nürnberg-Fürther Zoff-Sammlung, weil die zahlreichsten und zuverlässigsten Gäste der Fürther Kirchweih seit jeher Nürnberger Bürger waren – und es auch noch heute sind.

Die Geschichte der Gedächtnisfeiern an die Weihe eines Gotteshauses geht mit Sicherheit mindestens ins 9. Jahrhundert zurück, da Papst Gregor I. Gefallen daran fand, daß an den Weihetagen Zelte und Lauben um die Kirchen errichtet und festliche Mahlzeiten veranstaltet wurden. Die Fürther Michaelis-Kirchweih fand ich in der Stadtchronik erst seit Mitte des 18. Jahrhunderts verzeichnet.

Hier jedoch zunächst ein Auszug aus einer Predigt, die der Fürther Pfarrer Daniel Lochner über die weltlichen Freuden und den ausgeprägten Hang der Fürther Bevölkerung zum "Fressen und Saufen" am 1. Januar 1725 gehalten hat: (Stadtarchiv Fürth)

"Man frißt oft bei den Gastereien so viel,
daß der Leib zerspringen möchte;
man provoziert einander mit so viel Gesundheittrinken,
und zwar oft so viel und lang,
bis man toll und voll zur Erden sinkt
und wie ein Hund, s.v. (bitte um Verzeihung)
das Eingenommene oft wieder von sich geben muß,
ja man macht sich einen besonderen Ruhm daraus,
wenn man die Leute brav berauscht nach Haus schicken
und zu Boden saufen kann.
Wahrlich ist des Schwelgens, Fressens und Saufens
allhier in Fürth kein Maß noch Ziel;
da muß gefressen und gesoffen sein,
wann einer nur ein kleines Ämtlein bekommt
und mag leider Gottes nichts helfen,
was bishero von der Abschaffung solcher Schwelgerei und Fresserei,
dadurch man den Namen Gottes entheiligt
und sich selbst und andere Mitkonsorten ruinieret,
ist so seelenväterlich gesagt, treu erinnert, allein leider!
bis diese Stunde nicht gehöret, viel weniger abgeschaffet worden."

Aber hier nun – als Kontrast und köstliches literarisches Beispiel – die Anzeige eines auf der Fürther Kirchweih aufgestellten Glückshafens.

"Mit Gnädigst und Höchster Verwilligung

Wird allhier in Fürth eine Glücks-Bude aufgesetzt, wo nehmlich alles seine gute Ordnung und Richtigkeit hat, sein durch der hohen Obrigkeit wohl revitirtes ["kontrolliertes"] Glück zu probiren, darinnen zu finden, schöne und gut mit Gold und Silber gestickte Chabraquen [hier vermutlich "Zierdecken"], tüchtige neue Uhren, gut und geprägtes Silber, nebst allerhand praetiose gestickte, und andere taugliche Galanterie-Waaren und Sachen, wie auch zwey Portraits, ein jedes hundert Gulden werth, zwey kostbare Pferde mit Sattel und Zeug, Chabraquen [hier vermutlich verzierte Sattel-Unterdecken] und Pistolen, und auch zwey fette Ochsen.

Es ist auch hierbey täglich eine verpflichtete Person von der hohen Obrigkeit dazu verordnet, welche die genaue Aufsicht hat, daß es mit den Loosen und Gewinnsten wohl und richtig zugehe, und wird von selbiger Person alle Abend versiegelt, und des Morgens wieder eröffnet. Der Glücks-Hafen wird alle Abend in das Amt in Verwahrung gebracht und getragen; das Loos kostet 10 Kr. Wer nun von den

Herren Liebhabern sein Glück probiren will, der beliebe jetziger Markts-Zeit bey mir einzusprechen.

NB. Wer etwann nicht in Person selbst erscheinen will, kann die Loose gegen Bezahlung durch jemanden abholen lassen, und hernach an Herrn Deputirten O. O. Raths das Loos übersenden, so sollen alsdann die Gewinnste ausgeliefert werden.

1. Okt. 1760 — Andreas Jehle
Chur-Bayrischer privilegirter Glückshaffner"

(Fronmüller, S. 154 f)

"Wie um diese Zeit [1791] die Fürther Kirchweih abgehalten wurde, geht aus folgendem Berichte hervor, der sich in der Ansbachischen Monatsschrift vom Juli 1794, herausgegeben von Justizrath Dr. Büttner, Band 3, Heft 2, Seite 122 vorfindet: 'Die Kirchweih in Fürth fällt eigentlich am Michaelis-Tage, an welchem aber weiter nichts als vom Dompröbstischen Beamten in Fürth der sogenannte Plan [der 'Plan' ist ursprünglich der Dorfplatz] aufgeführt wird. Es wird nemlich die längste Tanne, die im Walde zu haben ist, ausgegraben, abgeschält, und mit großem Lerm, Ceremonien und Getöse, einige Tage vor Michaelis auf dem Markte in Fürth vor dem Dompröbstischen Amtshause [dem späteren Rentamt] eingesetzt; der oben daran gelassene Gipfel ist mit Kränzen, Blumen, und mit einem schweren seidenen Halstuche geschmückt, welches derjenige bekommt, welcher nach der Kirchweih sich getraut, bis an den obersten Gipfel dieses glatten und abgeschälten Baumes zu klettern, und es herabzunehmen. Um diesen Baum nun wird am Michaelistage von den Planmeistern und Planjungfern, die auf das schönste herausgeputzt und aufgesetzt sind, und dazu sich die vornehmste Bürgerstochter in Fürth gebrauchen zu lassen nicht schämt, herum getanzt. Von hier an ist nun bis auf den künftigen Sonntag, wenn auch Michaelis am Montag fallen sollte, Ruh und Friede. Den künftigen Sonntag aber darauf, so wie die Früh-Kirche aus ist, geht der Lerm an, in allen Straßen hört man Musik, Trompeten und Waldhörner schmettern, und dies währt bis in die andere Woche gegen Mittwochen oder Donnerstag hin. Nach dieser Kirchweih strömet nun von den benachbarten Städten Nürnberg und Erlangen, zum Theil auch von Bamberg und Ansbach, dann von dem flachen Lande alles, was fahren, reiten oder gehen kann, Haufenweiße zu. In allen Gasthöfen, Wirthshäußern und Wirthshäußchen, sie mögen so klein sein, als sie wollen, deren es sehr viel gibt, hört man Lermen, Musik und den lautesten Ausbruch der Freude.

Allenthalben ist alles gepfropft voll bis in die späteste Nacht, bey Tanz und Schwelgen. Man hat schon oft die Musikanten auf 4–500 angeben wollen, das ich aber dahin gestellt seyn lassen will. Mit und auf dieser Kirchweih wird viel Luxus getrieben. Das heißt denn doch wohl Luxus, wenn man, wie es viefältig geschieht, und wovon ich Augenzeuge gewesen bin, von einer Gesellschaft Müller oder Wirthe aus der Nachbarschaft ihrer Frauen oder Dulcineen, worunter es oft zum Trotz und Spott der Honoratioren, vornehmlich gewisser, sehr hübsche Gesichter giebt, auch oft sehr reich und niedlich gekleidet sind, zwey bis dreyerley Weine trinken, fünf bis sechserley Gebratenes und Gebackenes essen, und eine Zeche von 80, 90, auch 100 fl. bezahlen siehet; und daß dieses wahr ist, berufe ich mich auf alle, die je den Fürther Kirchweih-Luxus mit angesehen haben. Ich war vor drei Jahren da zur Zeit der Kirchweih in dem Gasthofe zum Prinzen von Preußen [dem späteren Beermann'schen Haus am Kohlenmarkt] oder dem Humbser'schen, unter welchem Namen er bekannt ist, welcher mit dem Brandenburgischen Hause [an der Stelle des jetzigen Rathauses] einer der vornehmsten Gasthöfe ist, eine schöne Lage, einen prächtigen Saal, und was das vorzüglichste ist, einen Mann von Lebensart, Billigkeit und Redlichkeit, Herrn Humbser zum Besitzer hat. In diesem Gasthofe zählte man einige 60 Chaisen und einige 40 Reuter, ohne die Fußgänger an verschiedenen Tagen der Kirchweih.

In dem sehr geräumigen Saale konnte man nicht nur vor Gewühle von Menschen kaum tanzen, sondern sogar der Söller war von Fremden gepfropft voll, und die meisten davon waren Nürnberger Patrizier und Kaufleute, auch zum Theil Erlanger. Im Brandenburgischen Hause, wo auch sehr brave und billige Wirthsleute sind, so wie gute Bedienung, zählte man einige 40 Chaisen und halbsoviel Pferde, mehr von der Nachbarschaft und vom Orte selbst von bürgerlichem Stande, Wirthe, Müller und dergleichen; und so in den übrigen zum Theil beträchtlichen und bedeutenden Gasthöfen verhältnismäßig weniger oder mehr: In beyden ersten Gasthöfen sind oft schon 30–40 Eymer Wein, einländischer und ausländischer, ausgetrunken, 2–300 Gänse, noch so viel Hühner, Enten und Kapaunen [Masthähnchen], 8–10 Zentner Fische und Krebse aufgezehrt worden. Wem es unglaublich vorkommt, der habe die Güte, sich selber näher darnach zu erkundigen, oder durch den Augenschein zu überzeugen: so wird er finden, daß hier im geringsten nichts übertrieben ist. Aus diesem kann man nun selbst heraus kalkulieren, was auf dieser Königin aller Kirchweihen des Fränkischen Kreises konsumirt wird. Auch fehlt es dabey nicht an Gauklern, Possenmachern, Seiltänzern, Bettlern und Spitzbuben, die einem auf manchfaltige Art und Weise höflich und grob, fein und plump, das, was übrig geblieben ist, gar aus dem Beutel heraus trotzen oder heraus komplimentiren.'"(Fronmüller, S. 186 ff)

Die Fürther Bierkrawalle

Leider gerieten die Gedächtnisfeiern zur Weihe des Gotteshauses auch in Fürth nicht nur zum obrigkeitlich viel beklagten Freß- und Saufritual, sondern auch zum Politikum. Die Landesherren legten höchsten Wert darauf, ihre Herrschaftsansprüche durch die Ausübung des Kirchweihschutzes zu zeigen. Sie schickten ihre Vögte in Begleitung Bewaffneter, um Maße und Gewichte zu kontrollieren und bei den Marketendern abzukassieren. Die militärische Präsenz mag manchen hitzigen Bauernknecht an Raufhändeln gehindert haben. Sie wurde allerdings zum Anlaß heftigen Streits, wenn gleich drei Herren den Kirchweihschutz für sich beanspruchten.

So verdroschen sich im Oktober 1773 die rivalisierenden Ansbacher und Bamberger "Friedenstruppen" auf der Fürther Kirchweih fürchterlich:

"Zur Kirchweihzeit kam es wieder zu einem Handgemenge zwischen markgräflichen und Bamberger Soldaten. Der Oberamtsarzt Dr. Panzer mußte die Verwundeten beschauen. Der domprobsteiliche Amtmann und Amtsknecht wurden deshalb von den Marktgräflichen verhaftet." (Fronmüller, S. 170)

Die Fürther Kirchweih war also – wie die Chroniken berichten – mehr als einmal Anlaß zu gewalttätigen Ausschreitungen, in denen sich der angestaute Volkszorn vor allem über Bierpreiserhöhungen entlud.

Diese spontanen, anarchistischen Revolten gewalttätiger Rotten aus Fürther und Nürnberger Arbeitern ziehen sich als die sogenannten Fürther Bierkrawalle seit dem Mittelalter durch die Geschichte Fürths.

1872 zum Beispiel: "Am 30. September, dem Kirchweihmontage, fand abends ein großartiger Exceß statt, welcher die Bürgerschaft in große Aufregung versetzte. Es handelte sich um eine bereits vorher geplante Erstürmung des des Rathhauses durch eine gewaltthätige Rotte. Schon im Laufe des Nachmittages hatten Polizeisoldaten aus einzelnen Gruppen der auf der Kirchweihe sich bewegenden Menge die Aeußerung vernommen: 'Heute Abend gehts in Fürth los.' Um halb sechs Uhr Abends bewegte sich von der Gustavstraße aus nach dem Rathause zu ein Zug mit Musikbegleitung, an dessen Spitze ein Arbeiter ging. Diesen Umzug glaubte die Polizei, da keine Erlaubniß dazu erholt war, nicht gestatten zu dürfen. Ein Rottmeister begab sich deshalb in Begleitung mehrerer Polizeisoldaten an Ort und Stelle und forderte die Musik auf, das Spielen zu unterlassen. Die Musikanten gaben dieser Aufforderung sogleich Folge, der Anführer des Zuges aber verlangte, daß die Musik fortspielen solle, beschimpfte die Polizeimannschaft und schlug nach derselben mehrmals mit einem Stocke. Da sich noch andere aus dem Zuge Thätlichkeiten gegen die Polizeiorgane erlaubten, so wurde der Zugführer und noch zwei Excedenten, die sich mit Gewaltanwendung widersetzten, in Haft gebracht. Die aufgeregte Menge, die besonders aus Nürnberger Fabrikarbeitern bestand, verlangte nun die Freilassung der Gefangenen.

Es war dies gegen 6 Uhr. Der Haufe wuchs immer mehr an, die Rufe wurden immer stürmischer. Mit Einbruch der Dunkelheit ging er zu Thätlichkeiten über. Steinwürfe zertrümmerten zahlreiche Fenster des Rathhauses; zur Ruhe auffordernde Bürger wurden mißhandelt und verwundet. Umsonst mahnte der Bürgermeister zur Ordnung und sah sich, da die Drohungen der Menge immer heftiger wurden und nun sogar große Steine gegen das Rathhaus geschleudert wurden, gezwungen, nach Nürnberg um militärische Hilfe zu schicken. Mittlerweile hatte sich derselbe nebst der Polizeimannschaft in das Rathhaus zurückgezogen. Die Thore wurden geschlossen und von innen verbarrikadirt. Die Menge machte nun einen Versuch, gewaltsam einzudringen. Kanonendonnerähnliche Schläge erfolgten gegen die Thore. aber vergeblich; dieselben gaben nicht nach. Jetzt wurden die Rathhausfenster förmlich bombardirt, zu welchem Zweck auch das Pflaster aufgerissen wurde. Im Rathhause selbst, in welchem sich auch der Königl. Bezirksamtmann Schütz befand, hatte man sich schon aufs Aeußerste gefaßt gemacht und mit geladenen Gewehren das Eindringen der Excedenten erwartet, als etwa nach zweistündiger Belagerung und nach bereits erfolgter Verlesung der Aufruhrakte durch Bezirksassessor Heerwagen gegen 9 Uhr das Militär von Nürnberg, bestehend aus 105 Mann Infanterie und 25 Mann Kavallerie erschien, den Platz säuberte und die langersehnte Hilfe brachte. Zahlreiche Verhaftungen wurden vorgenommen. Etwa 34 Personen befanden sich Morgens im Polizeigefängniß, fast sämmtlich in Nürnberg beschäftigte Arbeiter..." (Fronmüller, S. 407 f)

Angefangen hatte der Ärger ums Bier schon 1615, als der Markgraf von Ansbach meinte, den Fürthern das Brauen von Weißbier bei

Strafe verbieten zu müssen: "Ueber den großen unwiderbringlichen Schaden, den das bisher in vielen Orten eingeführte Prewen des Weißen Biers verursacht hat, indem dadurch nicht allein das liebe Getraid sehr schändlich mißbraucht und überflüssig verderbt, sondern auch aller Vorrath von Holz in großen Uffschlag gebracht wird, auch viele Unterthanen darüber in Abwesen kommen, daher wird das Prewen dieses schedlichen Getränks bei Strafe verboten... Diese Verordnung stieß auf solchen Widerstand bei der Bevölkerung, welche damals für dieses kühlend-erfrischende billige Getränk sehr eingenommen war, daß sie bereits am 8. Mai des folgenden Jahres wieder zurückgenommen wurde." (Fronmüller, S. 56)

Den Bierkrawallen von Fürth lagen, wie Michael Zeller meint, ernste politische und soziale Spannungen zugrunde. Seit ich die Geschichte dieser Bierrevolten gelesen habe, ist mir der Begriff "Bierernst" in seiner Bedeutung klarer geworden: als es um den Erhalt des "Grundnahrungsmittels" Bier ging, da wurden es den Fürthern ernst – und da waren – und sind sie sich – mit den Nürnbergern ausnahmsweise sehr einig.

Die Nürnberg-Fürther Schlachten an der Dooser Brücke

Mehr belustigende als ernste "Kriegsberichte" hat Georg Gärtner, früher Redakteur bei der Fränkischen Tagespost, aus den Fürther Chroniken ausgegraben, die mir hier im Rahmen dieser Nürnberg-Fürther Zoff-Sammlung erwähnenswert scheinen. Hier also eine Zusammenfassung aus zwei Ausgaben der Fürther Nachrichten vom 13. 2. 75 (Verf. G. Gärtner) und vom 2. 10. 82 (Verf. nicht bekannt) über diese denkwürdigen Ereignisse vor mehr als zweihundert Jahren.

Bei den unzähligen Streitereien zwischen Nürnberg und Fürth, die häufig sogar in Tätlichkeiten und bewaffnete Auseinandersetzungen ausarteten, war des öfteren die Dooser Brücke – an der Stelle der heutigen Kurgartenbrücke – Brennpunkt der Zusammenstöße: an ihr rieben sich immer wieder die feindlichen Brüder Nürnberg und Fürth.

Diese Dooser Brücke – eine der wenigen ganz aus Stein erbauten Übergänge über die Pegnitz, war für Nürnberg insofern von hohem strategischem Wert, als sie ein wichtiger Teil der alten "Heeres- und Geleitsstraße" nach Frankfurt war. Sie lag auf Nürnberger Gebiet – hart an der Stadtgrenze – und hier wahrten die Nürnberger ängstlich ihre Hoheitsrechte. Wir haben ja oben im Kapitel "Der Bau der

Fürther Straße“ schon erfahren, daß die alte Straße vom Neutor aus über die Dooser Brücke nach Fürth bis nach dem 30jährigen Krieg die ganzen Heeres- und Truppenbewegungen erlebte. So z. B. überschritt Gustav Adolf am 21. Juni 1632 mit seinen Truppen in ununterbrochenem Zug von früh acht Uhr bis abends sieben Uhr die Pegnitz auf der Dooser Brücke und marschierte nach Lauf, um die Vereinigung der bayerischen und der wallensteinischen Truppen in der Oberpfalz zu verhindern, was ihm bekanntlich nicht gelang: er ging wieder in die Gegend von Nürnberg und Fürth zurück, wo beide Gegner dann einander gegenüberlagen.

Eine andere Begebenheit zum Ärgernis der Nürnberger war das Erscheinen des Markgrafen Wilhelm Friedrich im Sommer 1709, der oberhalb der Dooser Brücke ein Lager für zwei Kompagnien Dragoner und seine Leibgarde aufschlagen ließ. Viele neugierige Nürnberger, die als Schaulustige gekommen waren, zwang der Markgraf kurzerhand, bei den Erdarbeiten für die Schanzarbeiten mitzuarbeiten. Selbst Adelige, die geritten oder gefahren kamen, mußten – ob Männer oder Frauen – ein paar Schaufeln Erde aufwerfen. Solche nachbarlichen ”Liebenswürdigkeiten“ gegen die verhaßte Stadt Nürnberg waren bei den Markgrafen von jeher sehr beliebt, wie die lange und unselige Geschichte der Dreiherrschaft über Fürth ja immer wieder zeigte. In seinem Zelt hielt der Markgraf einem Affen, den er der Noris zum Hohn wie einen Nürnberger Ratsherrn hatte kleiden lassen. Damit trieb er vielen Spott über den Nürnberger Rat.

1727 endlich kam es dann an der Dooser Brücke zu einer Art ”kriegerischen Handlung“ zwischen den Nürnbergern und den Fürthern.

Die Vorgeschichte war diese: Weil Nürnberg zu allen Zeiten viel mit dem Hochwasser der Pegnitz zu tun hatte und die Überschwemmungen oft Verheerungen innerhalb der alten Noris anrichteten, hatte der Nürnberger Rat das Gebot der regelmäßigen Säuberung des Pegnitzlaufs erlassen, um ein Aufstauen der Wassermassen auf diese Weise möglichst zu verhindern. Wer sich um dieses Gebot natürlich nicht kümmerte, das waren die Fürther: so kam es immer wieder zu Versandungen der Pegnitz auf der Höhe der Dooser Brücke, wo Bäume und Buschwerk ungestört wucherten. Da Nürnberg sich dies nicht gefallen lassen wollte, bot man 1727 eine Anzahl Handwerker und Arbeiter auf, die sich mit Kähnen und Werkzeugen zur Dooser Brücke aufmachten, um den Fluß zu räumen. Da man von den Fürthern her Belästigungen bei der Arbeit befürchtete, wurde den Arbeitern vorsorglich ein Militärkommando mitgegeben. Während die Soldaten am Ufer ihre Posten einnahmen, begannen die Arbeiter die Weidenbäume unter der Brücke umzuhauen. Als sich dieses Vorgehen in Fürth herumgesprochen hatte, da rotteten sich viele Fürther zusammen und zogen hinauf nach Doos, um dem frechen Feind gehörig das Fell auszuklopfen. Ganze Scharen empörter Bürger waren schon unterwegs – einschließlich vieler Schulkinder – und aus allen Gassen kam weiterer Zulauf. Dann begannen die "Kampfhandlungen". Das Militärkommando wurde umringt und von den Arbeitern getrennt. Wagemutige Fürther sprangen ins Wasser und kippten in einem dramatischen Wasserkampf die Kähne um, so daß die darin befindlichen Arbeiter in den Fluß fielen.

Inzwischen war auch das ansbachisch-brandenburgische Militär auf dem "Kriegsschauplatz" erschienen: es war das Geleitskommando von Fürth, das den nürnbergischen Offizier, den Tambour, den Pfeifer und noch einige andere gefangennahm und nach Fürth ins Geleitshaus brachte. Blutige Verluste gab es bei dem Kampf nicht, und vor allem die nassen Nürnberger wurden zu Hause mit Hohn und Spott empfangen.

Auf den "kriegerischen Zusammenstoß" folgte der übliche Schreibtischkrieg"der beiden Regierungen, was ja in den Zeiten der Dreiherrschaft nun wirklich nichts Neues war.

Das war also die "Wasserschlacht an der Dooser Brücke".

Im Jahre 1766 gab es noch einmal eine solche "kriegerische Auseinandersetzung" an der Dooser Brücke. Ende November waren Rednitz und Pegnitz so weit zugefroren, daß die Mühlen den Betrieb einstellen mußten. Nürnberger Arbeiter wurden damit beauftragt, das Eis einzuschlagen. Als sie damit unterhalb der Dooser Brücke begannen, rückten wiederum die empörten Fürther an: das ansbachische Geleitskommando nahm den Nürnbergern die Werkzeuge ab und verjagte sie. Sie kamen jedoch mit einer bewaffnteten Mannschaft wieder zurück, um ihre Arbeit fortzusetzen. Ein ebenfalls verstärktes Fürther Kommando nahm daraufhin den Nürnbergern drei Schiffe ab und schickte sie mit blutigen Köpfen heim.

Der "Kriegszustand" währte noch zwei Monate und nahm immer drohendere Formen an. Erst am 3. Februar 1767 kam es zu "Friedensverhandlungen", die den Nürnberg-Fürther Eiskrieg beendeten.

Allerdings kam es schon bald danach wieder zu Reibereien zwischen den Markgrafen und der Reichsstadt Nürnberg – unter anderem auch an der Dooser Brücke: am 22. März 1775 ließ der Markgraf durch Fürther Amtsknechte das Nürnberger Wappen an der Dooser Brücke einfach "weghauen".

Das war die letzte "Kriegshandlung" an der Dooser Brücke – denn in der Folgezeit hatte man andere Sorgen als die, sich darum zu streiten, wer z. B. den Dreck aus der Pegnitz wegräumen sollte.

Aus meiner eigenen Erinnerung: "Foddzn" an der Dooser Brücke

Ende der fünfziger Jahre – ich war vierzehn oder fünfzehn – da hatte ich meine erste "feste" Freundin. Sie wohnte in der Kurgartenstraße unweit der Dooser Brücke. Wir "gingen" – wenn ich mich recht erinnere – über ein Jahr miteinander. Jeden Nachmittag nach der Schule radelte ich also aus der Alten Reutstraße in Fürth den alten Kanal entlang bis zur Dooser Brücke, um dann mit ihr am Kanal entlang spazierenzugehen – meistens bis zur "Roßbrücke" am Espan – und wieder zurück. Zu dieser Zeit gab es in Schniegling eine gefürchtete Bande von Jugendlichen, die das Gebiet zwischen Kurgartensstraße und Fuchsloch gegen stadtteilfremde Eindringlinge verteidigten – mit Fäusten, Ketten, Schlagringen und Stahlruten.

Selbst das bloße Durchqueren von Schniegling war für Fremde mit der Gefahr einer saftigen "Foddzn" oder gar mit Gefangennahme und Verschleppung in die Büsche an der Pegnitz verbunden. Dort wurde der Gefangene "gefoltert" – mit Mausefallen, die man ihm auf die Finger schnappen ließ. Besonders abgesehen hatten sie es auf die "Färdder".

Natürlich hatten sie nach kurzer Zeit spitzgekriegt, daß da so ein "Färdder Doldi mid an Maadla vo der Kurgartnstraß" geht. Ich hatte wohl in der ganzen Zeit, da ich fast täglich in der Kurgartenstraße vor dem Haus meiner Freundin herumlungerte, verdammtes "Schwein" gehabt – und natürlich wurde ich auch manchmal gewarnt – daß ich den "Schnieglingern" nicht in die Hände gefallen bin. Einen Schulfreund von mir – er ging mit der jüngeren Schwester meiner Freundin – haben sie damals an der "Mainau" krankenhausreif geschlagen.

Warum ich das hier erzähle? Irgendwie bin ich wieder draufgekommen, als ich die Geschichte der Nürnberg-Fürther Schlachten an der Dooser Brücke gelesen hatte.

Die Fürther waren kleiner als die Nürnberger

Einen kuriosen Beitrag zur Nürnberg-Fürther Ortsgeschichte, den ich in den "Fürther Nachrichten" vom 4. Februar 1983 fand, möchte ich hier nicht unterschlagen: wie eine Militärstatistik von 1883 berichtet, wurde beim Messen und Wiegen der zur Musterung angetretenen jungen Männer die merkwürdige Feststellung gemacht, daß die Fürther im Durchschnitt kleiner und auch leichter waren als die Nürnberger. Während die Nürnberger Rekruten durchschnittlich 165,23 cm groß waren, maßen die Fürther durchschnittlich nur 163,62 cm. Die Nürnberger wogen durchschnittlich 56,9 kg, die Fürther nur 56,6 kg.

Für die geringere Körpergröße der Fürther fand der damalige Amtsarzt Dr. Mayer schnell eine Erklärung: "Was die geringe Körpergröße der Militärpflichtigen der Stadt Fürth betrifft, so geht diese vorzüglich auf Rechnung der jüdischen Bevölkerung. Läßt man diese außer Rechnung, dann sind die Fürther sicher so groß wie die Nürnberger."

Nun wissen wir also auch das!

Woher das Fürther Wirtshaus "Zur Misten" seinen Namen hat

..."Die beliebte Wirthschaft von Willibald Nett Zur Misten, auch in Reisehandbüchern erwähnt, Heiligengasse Nr. 4, kam durch Verkauf in den Besitz des Wirthes Leppen aus Nürnberg. Vor dem Hause befindet sich eine große mit Brettern bedeckte Dunggrube, wovon die Wirthschaft ihren Namen trägt. An Kirchweihsonntagen ist da reger Verkehr und so kam es vor einigen Jahren,daß angeheiterte Nürnberger, als sie auf den Brettern dieser Grube tanzten, einbrachen. Es passirte zwar kein Unglück, aber sie kamen dadurch in üblen Geruch und mußten in diesem Zustande schleunigst nachhause fahren. Die Wirthschaft wurde durch diesen tragikkomischen Vorfall um so mehr frequentirt." (Fronmüller, S. 624)

Der Nachteil des flußabwärts Gelegenen

"Am 8. Mai [1883] machte ein eigenthümlicher Vorfall viel Aufsehen in der Stadt [Fürth]. Nachdem bereits vorher ein penetranter Leuchtgasgeruch von der Pegnitz her sich bemerkbar gemacht hatte, kamen Morgens 1/2 9 Uhr Tausende von todten Fischen dahergeschwommen, die einen abscheulichen Geruch verbreiteten, besonders am Helmplatz, so daß die dortige Schule geschlossen werden mußte. Die auffallende Erscheinung zog schnell eine große Menge Zuschauer herbei. Bald wurde ermittelt, daß diese großartige Wasserverunreinigung, die vielen Fischwasserbesitzern großen Schaden that, aus dem Nürnberger Gaswerke herrührte, wo ein großes Gaswasserbassin in den Fluß abgelassen worden war." (Fronmüller, S. 585 f)

Vielleicht ist diese kleine Geschichte ein Beleg für einen der ganz wenigen dummen Sprüche, die die Fürther den Nürnbergern zugedacht haben:

> "Iber die Bengerds und ieber die Färdder Schdraß
> hauds en ganzn Dreeg vo Nämberch roo..."

Was ist nun eigentlich dran am berühmten "Blousårsch vo Färdd"?

Wie am Ende des Kapitels über den Bau der Fürther Straße schon einmal angedeutet, gibt es eine abfällige Bezeichnung seitens der Nürnberger für die Fürther Bürger – nämlich den berühmten "Blousårsch vo Färdd". Was es mit diesem Scheltwort auf sich hat, konnte ich bei Herbert Maas erfahren:

"Alte [Nürnberger] Mundartsprecher antworten heute noch unwillig auf die neugierige Frage *Wou gäisdn hie? Zum Blousårsch vo Färd.* Auch im Fürther Wörterbuch ist der Blousårsch erwähnt, natürlich ohne den Zusatz 'von Fürth'. *Wer hat gschellt (= geläutet)? Der Blasarsch.*

Im Ansbacher Wörterbuch von Hermann Dallhammer ist die Redensart in folgendem Zwiegespräch wiedergegeben. Hier werden die Nürnberger mit dem despektierlichen Neckwort belegt: *Hasts scho ghärt? – Woos? – Die Bromenad homms gsperrt! – Worum? – Wall der Bloosorsch vo Nemberch es Rodfohrn lernt.* Aus diesen Angaben erkennen wir schon, daß es sich um ein Wanderwort handelt, das bevorzugt für Ortsneckereien benützt wird.

Während die norddeutschen, bairischen und österreichischen Wörterbücher sich ausschweigen, treffen wir häufig auf das Wort in den Mundartwörterbüchern für Baden, Südhessen, das Elsaß und im Rheinischen Wörterbuch. Ich gebe hier nur einige Proben: Wer war dann des: De Dieborger (Dieburg/Hessen) Blasarsch. Wer het des gseit? Der Blasarsch vom Menschder (Straßburger Münster)... Wer war das? Der Blasarsch vo Bitsch, wonn er net gfahrn kimmt, kimmt er geritscht. - Koblenz: Der Blasarsch, der of de Amboss gschess het – Saarbrücken: Der Blasarsch und sei Bruder Dünnschiß.

Auch über die Etymologie des Wortes finden wir in den genannten Wörterbüchern die richtige Auskunft. Das Wort hat nichts mit blasen zu tun, sondern muß eigentlich Bloßarsch im Hochdeutschen geschrieben werden. Das wird... durch die Parallelen Bleckarsch und Nacktarsch bestätigt..." (Maas III, S. 21)

Da haben wir es also: Der Blousårsch – oder besser Bloußårsch hat mit Fürth eigentlich nicht viel zu tun – schon die Ansbacher kennen offensichtlich auch einen Nembercher Bloosorsch – und damit ist zumindest in diesem einen Punkt die Nürnberg-Fürther Welt der Schimpfwörter wieder in Ordnung.

In Närmberch haßds Weggler, in Färdd Semmerli

Entlarvend für einen Fürther – oder Westmittelfranken – ist die Pluralbildung auf "i". Um das zu verdeutlichen, schauen wir uns hier eine kleine Liste von Mundartausdrücken in Nürnberg und Fürth an, die Herbert Maas zusammengestellt hat:

Hochdeutsch:	Nürnbergerisch:	Fürtherisch:
die Mädchen	di Maadla [Maadler]	di Maadli
Brotauflauf mit Kirschen, in der Pfanne gebacken	Kärschnmännla	Broudbuuwerla
Bäcker, ausgesprochen: Bäkker	Begger	Begge
die Brötchen	di Weggla [Weggler]	di Weggli oder di Semmerli
die Walderdbeeren	di Rouwerla [Rouwerler]	di Bresdli
die Wäscheklammern	di Zwigger	di Boggerli
Fangespiel der Kinder	Fangerledz	Fangerfoodn
Gerstenkorn am Augenlid	Meerigl	Bierigl
Kopfsprung ins Wasser	Schdiech	Schduggerer [Schducherer]
Bauchlandung beim Kopfsprung	Bladder	Breddla
Kinderschlauch	Schnuller	Badzer

(Maas II, S. 39)

In Nürnberg und Fürth wird also nur scheinbar die gleiche Mundart gesprochen – das wundert uns wegen der grundverschiedenen Geschichte beider Städte nicht.

Einer Erwähnung wert ist auch das in Nürnberg und Fürth verschieden ausgesprochene berühmte schwere "ll" oder im Volksmund "Waffl-ll", bei dem die Zungenspitze des Sprechers zu sehen ist: Ich selbst habe bei Schallplattenaufnahmen 1977 – zusammen mit Fitzgerald Kusz und Klaus Schamberger im Tonstudio Hiltpoltstein – bei den anwesenden Nürnbergern große Heiterkeit mit meinem Fürther "ll" erzeugt. Die Fürther sprechen das "ll" nach einem "i" – z. B. Wörter wie "Brilln, Willi, vill" exakt so aus wie das "ll" im englischen Wort "fill".

Anfangs habe ich das selber nicht so recht glauben wollen, aber mittlerweile höre ich es auch heraus – der Nürnberger Dialektsprecher läßt bei der Aussprache des "-ill" die Zungenspitze sehen.

Und eine letzte Anmerkung über Nürnberg-Fürther Sprachunterschiede möchte ich hier anbringen: etwa an der Stelle, wo heute die Stadthalle Fürth steht, war ja der historische Stadtkern von Fürth, der berühmte "Goonsberch", wie er im Fürther Dialekt seit jeher geheißen hat – und nicht "Gänsberg" – wie ich in – vorwiegend Nürnberger – Veröffentlichungen über Fürth immer wieder lesen muß.

Zwei große Städte, getrennt
nur durch eine gemeinsame Sprache
Nürnbergerisch: Zwigger.
Fürtherisch: Boggerla.

Zuguterletzt

”Wer aus Nürnberg heimkommt, hat es schwer; denn jeder fragt ihn: Warst du in St. Lorenz? Wie wars im Dürerhaus, auf dem Henkersteg?

Was hast du im Germanischen Museum gesehen? Warst du beim Männleinlaufen? Bist du die Stadtmauer entlangspaziert? Wo hast du (historische) Bratwürste gegessen?

Und immer hat man irgendetwas nicht gesehen, nicht erlebt, was alle anderen von Grund auf kennen. Man schämt sich.

Wenn du von Fürth heimkommst, gibt es nichts zu schämen. Was deine Frau und deine Freunde von Fürth wissen, läßt sich rasch aufzählen: daß die erste deutsche Eisenbahn zwischen Nürnberg und Fürth gefahren ist, daß die Spielvereinigung ihren Sportplatz im Ronhof hat und daß mehrere weltbekannte Firmen in Fürth sitzen...

Das alte Nürnberg verehren wir als eine vornehme patrizische Dame...

Fürth erscheint mir daneben immer wie eine Frau mit einfachem Kopftuch, eine liebe, gute, mütterliche Frau, die alle ihre Kinder kennt – und ihre Kinder tun noch heute so, als ob sie alle einander kennten...“ (Schwammberger III, S. 2 f)

Dem möchte ich hinzufügen:

Die Nürnberger waren und sind hochnäsig und spöttisch gegenüber ihrem Nachbarn Fürth – das zumindest ist von der ehemals feindseligen Haltung gegeneinander bis auf den heutigen Tag so geblieben, und es ist auch heute noch ein beliebtes Scherzchen für die ”reichsstädtisch angehauchten“ Nürnberger, einen ”Färdder“ mit seinen unverkennbaren, kleinen Spracheigenheiten ”aufzuzwicken“ – etwa mit dem Spruch ”Soochermål – du bisgwieß vo Färdd?!“ Freilich steckt dahinter – außer der ”lieben Gewohnheit“ an sich – auch ein bißchen Staunen und ein gehöriges Stück Neid über diese sturen Fürther, die halt schon viel früher Deutscher Fußballmeister waren als der ”Club“ – die sich 1922 entgegen aller Voraussagen *nicht* nach Nürnberg eingemeinden ließen – und es wirtschaftlich trotzdem zu etwas gebracht haben – man denke nur an Max Grundig, der seine weltbekannte Firma nicht in Nürnberg, sondern in Fürth gründete, oder an die Familie Schickedanz, die die Hauptverwaltung ihres Weltunternehmens nicht nach Nürnberg, sondern nach Fürth legte.

Man beneidet es insgeheim schon – dieses Fürth, das immerhin so berühmte Bürger hervorgebracht hat wie einen Henry Kissinger, einen Ludwig Erhard, einen Wilhelm Löhe – oder den großen Dichter Jakob Wassermann.

Fürth dagegen gefällt sich in seiner Bescheidenheit – und ”greint“ sich gerne in seine städtepolitische Abseits-Position gegenüber Nürnberg hinein. Solche Aussprüche wie ”Die Tochter (Nürnberg) hat es zu etwas gebracht – die Mutter (Fürth) lebt in Bescheidenheit“ lassen diese larmoyante Haltung ein wenig erkennen. Als ein in Nürnberg Geborener – und in Fürth Aufgewachsener möchte ich für mich persönlich mit der Würdigung schließen:

Fürth ist und bleibt ein interessanter und liebenswerter Nachbar von Nürnberg. Und solange die aus Fürth stammenden, in Nürnberg lebenden und arbeitenden Persönlichkeiten aus Wirtschaft, Kultur und Politik nicht aus der Stadt gewiesen werden, ist ja alles in Ordnung. Das bißchen Nürnberger Frotzelei wird man auch in Zukunft ertragen können – und müssen.

Quellen:

Anm. d. Verf. innerhalb der Zitate sind in [...] wiedergegeben

Emil Ammon, Theater in Fürth, Eine Dokumentation zur Wiedereröffnung des Stadttheaters am 13./14.1.1973, Manuskript im Stadtarchiv Fürth;

Christoph Fronmüller, Chronik der Stadt Fürth, unveränderter Nachdruck der Ausgabe von 1887, Brockhaus, Leipzig; Herstellung 1985: Druckhaus Dennhardt, Neustadt an der Aisch, Christoph Schmidt, Neustadt an der Aisch, A. Schmittmer, Fürth Abgekürzte Angabe im lfd. Text: (Fronmüller, S....)

Hermann Hanschel, Nürnberger Forschungen, 21. Band, "Oberbürgermeister Hermann Luppe", dort: "Stadterweiterung und Vereinigungsfrage Nürnberg-Fürth", Verein für Geschichte der Stadt Nürnberg 1977 (Hanschel, S....)

August Jegel, Die wirtschaftliche Entwicklung von Nürnberg-Fürth, Stein – und des Nürberger Raumes seit 1806 – Mit Berücksichtigung des allgemeinen Geschehens", Lorenz Spindler, Nürnberg o.J. (Jegel, S....)

Theodor Kutzer, Beitäge zur Frage der Vereinigung der Städte Fürth und Nürnberg, Fürth 1912 (Kutzer, S....)

Peter Luginsland, das war'n halt noch Zeiten!, 3. Band, Verlag Nürnberger Presse 1971 (Hanns Schödel, S....)

Herbert Maas, Nürnberg, Geschichte und Geschichten, Verlag A. Hofmann, Nürnberg 1979 (Maas I, S....)

Herbert Maas, Wou di Hasen Hoosn und di Hosen Huusn haaßn, Ein Nürnberger Wörterbuch, Verlag Nürnberger Presse, Nürnberg 1987 (Maas II, S....)

Herbert Maas, Asuu und ned andersch, Deftiges und Deutliches über Nürnberger Wörter, Verlag Nürnberger Presse, Nürnberg 1991 (Maas III, S....)

Hans Mauersberg, Wirtschaft und Gesellschaft Fürths in neuerer und neuester Zeit, eine städtegeschichtliche Studie, Vandenhoeck & Ruprecht in Göttingen, 1974 Abk. im lfd. Text: (Mauersberg, S ....)

Gerhard Pfeiffer, zur Geschichte der Nürnberg-Fürther Straße – in: "Fränkische Heimat", Beiträge zur fränkischen Heimat- und Volkskunde, Verlag Lorenz Spindler, Nürnberg, 1958 (Pfeiffer, S ....)

Hanns Schödel – s. Pseudonym "Peter Luginsland"...

Herbert Schnittger, Eingemeindungsverhandlungen zwischen Nürnberg und Fürth von 1900 bis 1933, jur. Diss. Erlangen-Nürnberg, 1952 (Schnittger, S ....)

Adolf Schwammberger, "Vom Fürther Charakter" und "Handwerk in Fürth" als Anhang in: Hans Mauersberg, Wirtschaft und Gesellschaft Fürths in neuerer und neuester Zeit, eine städtegeschichtliche Studie, Vandenhoeck & Ruprecht in Göttingen, 1974 (Schwammberger I/ Mauersberg, S ....)

Adolf Schwammberger, Fürth von A bis Z, Ein Geschichtslexikon, Verlag Christoph Schmidt, Neustadt an der Aisch, 1968 (Schwammberger II, S ....)

Adolf Schwammberger, Fürth – kleine Großstadt, große Kleinstadt, Manuskript im Stadtarchiv Fürth, Hs. 3..4) (Schwammberger III, S ....)

Heinz. H. Starke, Der Nürnberger Luftverkehr, Sonderdruck aus Nürnberger Forschungen, Band 17, Nürnberg, 1972 (Starke, S ....)

Michael Zeller, Mein Traum vom Dulden, Eine deutsch-jüdische Begegnung der anderen Art, Edition Isele, Eggingen, 1991 (Zeller, S ....)

Michael Zuber, Die Revolution 1848 in Nürnberg und ihre gesellschaftlichen Voraussetzungen, Facharbeit Geschichte, Sigena Gymnasium Nürnberg 1989, [nicht veröffentlicht]

Zeitschriften:

"Die Kleeblättler, 75 Jahre Spielvereinigung Fürth", Jubiläumsdruckschrift, Fürth, o. J.

"kristallnacht" in fürth, Sondernummer der FÜRTHER FREIHEIT November 1988, L. Berthold, Fürth, 1988 (kristallnacht, S ....)

Örtliche Zeitungen, s. Zitate im lfd. Text

Verlag Matthias Böckel

Weitere Titel von Günter Stössel,
erhältlich im Buchhandel und in
Schallplattengeschäften

LPs, MCs, CDs:

Lebend im Konzert, LP, MC, CD

Af Nämberch nei, LP, MC, CD

Schdrohwidwer Blues, LP

Globetrottel Rag, LP

Franken Song, LP

Das Beste aus meinen 3 LPs, MC

Der Wirtshausmitschnitt, MC

Schmarrer-Egg, MC

Bücher:

Songbuch

wenns der's glabsd

Nämberch english spoken, II

Nämberch english spoken, III